시가 되고
노래가 되어

나의 노래는 그대에게 가는 길입니다

시가 되고 노래가 되어

2012년 3월 7일 초판 인쇄
2012년 3월 17일 초판 발행

저자 박강수 **발행자** 박홍주
사진 박강수 **일러스트** 황지영 **편집** 김보라
편집부 715-2493 **영업부** 704-2571~2 **팩스** 3273-4649

발행처 도서출판 푸른솔 **등록번호** 제 1-825
주소 서울시 마포구 도화동 251-1 근신빌딩 별관 302

ⓒ박강수 2012
ISBN 978-89-93596-29-8 (03810)
값 13,000원

이 책은 푸른솔과 저작권자와의 계약에 따라 발행한 것이므로
본사의 서면허락 없이는 어떠한 형태나 수단으로도
이 책의 내용을 이용하지 못합니다.

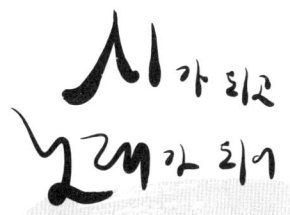

시가 되고 노래가 되어

나의 노래는 그대에게 가는 길입니다

글 / Singer-songwriter 박강수

푸른솔

차례

1. 시가 되어 7

2. 노래가 되어 165

3. 편지가 되어 From 박강수 249

4. 나의 노래는 그대에게 가는 길입니다 293

시가 되어

꽃

더디게도 더디게도
조금씩 보이지 않게

내가 외출할 때만
잎을 키우고 뿌리를 내리더니

물을 주었다.
바람이 조금 따뜻해졌다.
햇살이 눈부시더니
눈에 띄게 피어나는
꽃 한 송이

봄을 만나더니
꽃 한 송이 피었다.
봄이 꽃을 피웠다.

꽃 한 송이에
봄도 따라 피어오른다.

각오

봄이 왔다고
가지 끝에까지 물이 올라
봄 햇살을 온몸으로 받고 있다.
곧 세상구경을 하려는
마음 바쁜 새눈들이
아직은 겨울이다 하며
지나는 바람을 아랑곳 않고
껍질을 뚫고 나오려 한다.

겨울 눈보라보다 강한 생명력이다.
그대가 남기고 갔던
독한 마음들을 지나 온 봄이다.
참 용감하고 대단한 기다림의 봄처럼
내 일상에도 물이 오르기를 바라며
봄 햇살에 나른한 지금처럼
상처받은 사랑들일랑 기억들일랑
이별을 뚫고 새순같이 나왔으면 싶다.
온몸으로 세상을 향해
물오른 소리를 노래하고 싶다.

봄

꽃샘추위와 한파가 기승을 부리는데도
꽃망울은 가지를 뚫고 나온다.
엊그제 지나던 공원의 마른가지가
봄 햇살 같은 날을 만나더니
움찔움찔 겨우내 근질거렸던 각질을 벗고
생명을 밀어내 틔우려 한다.

봄을 향한 열정은 눈보라 찬바람도 아랑곳하지 않고
푸릇한 이파리를 세상에 내놓기 위해
산통을 하듯 웅크려 애를 쓰고 있다.

곧 봄이 올 것이다. 곧 봄바람도 불 것이다.
곧 사랑을 피울 수 있으니 조금만 더 참아

봄을 흔드는 시샘의 찬바람은
질투 같은 투정인 거야
땅속이 품었던 생명을 빼앗기기 싫어 부리는 그런
질투 같은 사랑인 거야

너를 향한 무한의 애정을 감추지 않는
자연의 흔들림인 거야

겨울 산

해보다 먼저
이른 아침 산속의 찬 기운이 나를 깨운다.
눈보라 치는 새벽 그 소식으로
내 두 눈은 찬바람을 맞이하기 싫단다.
눈을 뜨기 싫단다.
두 다리가 힘겨워 이불 속에 숨었다.

그러나
여린 풀 한포기도
마른 겨울나무 가지도
모두 흰옷을 입고 반기는 아침
해가 오르지 않아도
어둔 줄 모르고 빛나는 아침

세상 모두에게 준 눈꽃 소식을
내가 다 전해 들었다.
벅찬 가슴은 터질 것같이 부풀어 오른다.
힘겨운 산에 오를 때보다 더..
이 맑은 소식을 안고
이 시원한 기억을 안고
나는 오늘 다시 세상을 오른다.

산이 아니면

나를 위해 너를 위해
오른다.

내내 조용했던 내 심장은
무슨 일이냐며 세상 밖으로 나올 듯 파닥거린다.
산에 오르는 이 작은 감동에도 내 온몸은 짜릿해 한다.
구석구석 내 모든 감각들이 되살아난다.

세상의 무엇으로 이랬던가?
나는 언제 이런 즐거운 고통을 맛보았던가?
산이 아니면 만나지 못했을 이야기
산이 아니면 깨우지 못했을 그리움
산이 아니면 느끼지 못했을 사랑
산이 아니면 깨닫지 못했을 용기

나를 향한 너를 위해
그리고 나를 향한 너를 위해
한걸음씩 떼어 오른다.
하고 싶은 이야기 그리움 사랑 용기를 배우고
내 자신을 어루만지는 나를 만나러
산에 오른다.

나에게

산보다 높은 생각
땅위에 두고 온 욕심들을 돌아보는 나
미련이 용기인 양
구부러지지 않았던 생각들이
굽이굽이 힘겹게 산을 오르내린다.

산이 이리저리 나를 구르게 한다.
산이 이리저리 내 생각들을 흩어 놓는다.
모나지 않게 둥글라 한다.
세상은 그런 거라고 한다.

그대와 나 사이에 가시 돋우지 말고
부대끼며 둥글라 한다.
다 가지려 말고
산처럼 다 내주라고도 충고한다.

내 작은 것 하나라도 그대가 기뻐하도록
한 번 주어 보라고 한다.

나무 한그루

생각이 심은 나무 한그루
씨앗이 되었던 기억
사랑으로 피었다.

이별이 영글어 나뭇잎 떨구듯 작아졌지만
아직도 꿈꾸는 사랑의 열매
새들의 낙원이고 싶고 그늘이 되어주고 싶다.
안타까운 이별로 우두커니 서 있는 나무 한그루

애태우며 메마른 가지 끝에 걸린 사랑 한 잎
그마저도 떨구고 나면 시린 계절이다.
온몸으로 맞을 찬바람은 시련에
질끈 눈 감게 할 것이고 뿌리까지 얼어붙어
다시는 새 날을 기약할 수 없게 할지도 모른다.

더 매달릴 것이 없는 나의 나무 한그루
지난 사랑이 내려앉은 씨앗 하나
눈물로라도 맺혀 꽃 피우는 날
그리움이 키우듯 자라게 될 나무 한그루
푸르라고 심은 사랑 한그루

# 바오밥 나무

기다림의 천년
뿌리 깊어 외로움도 천년
홀로 우뚝 선 천년 바람의 친구
외로움의 키만큼 자라나
구름에도 닿을 듯 긴 천년의 세월
가지 끝이 닿아 만지는 하늘

외로움은 자주 바다를 건넌다.
나의 그리움으로 서 있을 바오밥 나무
거기서 만난 나를 나무 아래 두고 왔었다.

천년이 흘러도 바오밥이 품어 줄
여리디 여린 나를 만나기 위해
그리움이 가끔 바다에 빠져 돌아오지 못하였지만
먼 하늘을 사이에 두고
천년을 하루같이 왔다 갔다 한다.

소녀

너의 미소는
백만불짜리 미소
맑은 하늘보다 더 깨끗한 미소

태양보다 눈이 부셔
해바라기도 너에게로 눈길이 간다.

흰 구름도
너의 미소가 궁금해
하늘에서부터 다가와
어루만지는 하얀 손

너의 환한 미소는
세상의 선물
세상의 기쁨
.
.
지구 반대편 소녀
너의 미소가 그리운 날
여기는 네가 그리운 비가 내린다.

파란 꿈

구름이 돋보이는 하늘같이
내 오늘의 지구 반대편
그리운 바다같이
마음이 덩달아 푸르러지고 싶어진다.

눈에 띄게 하늘거리는 신호등 건너편 아가씨의
원피스가 하얀 스타킹과 어우러진다.
푸른 청춘과 잘 어우러진다.

더운 날 시원한 사이다
뽀글뽀글 뭔가 새로운 생각 떠오를 때
들이키고 싶은 청량음료
속 후련한 트림하고 나면 개운해

물들고 싶다.
온 마음과 생각까지도
파랗게 물들어 자유로운 하늘이 되고 싶다.
그대 사랑하는 마음이 그대 마음이랑 꽁꽁 묶여
깊고 푸른 바다를 항해하고 싶다.
온 세상이 파란 날들을 꿈꾸었습니다.

바람이 불면

바람이 불면
꽃잎 된 나는 손을 흔들어 너를 반긴다.
조금 더 물들게 하고
조금 더 멀리 향기를 품어 가다오
뽀얗게 앉은 흙먼지도 훌훌 털어다오
갑갑하던 내 잎들이 환해지도록
땅위에 떨군 나의 희망
어루만져다오
빛을 잃지 않도록 기억해다오.

바람이 불면
나는 너를 온몸으로 기다린다.
바람이 불면
나는 너를 온몸으로 맞이한다.
바람이 불면
나는 너를 온몸으로 기억한다.

이유

보이는 것
들리는 것

.

.

보이지 않고
들리지 않고
느껴지는 것

가만히 있어도 지나며
내 작은 기다림은 흔들리게 해주는 것

내가 바람을 좋아하는 이유

산책

흙길을 걷는다.
사람을 만난 흙냄새가 신이 나
거친 들숨을 쉬게 한다.
햇살 따갑다고
초록 잎들이
그림자 그림을 그리며 길을 내준다.
바람도 함께 걷고
친구의 그리움도
바람을 따라와 어깨동무한다.
잠깐 돌아앉아 보라 해도
등 돌리고 열심히 푸른 이파리를 찾아
숨바꼭질하는 여치
물 한 모금
갑갑했던 모든 갈증이 사라지는 숲길 만났다.

내 발끝에 어른거리는 생각들이
하나 둘 지쳐 떨어져 나간다.
걸음마다 무거웠던 걱정들이 점점 가벼워진다.

이 길 끝에 날 기다리는 하늘을 만나야지
푸른 바람이 두고 갔을
흰 구름을 만나야지
지난 계절 잃어버린 나를 다시 만나봐야지

흙냄새 풀냄새 바람소리
다 만나고 가야지...

숲속의 아침

햇살이 먼저 하루를 열었고
눈부시게 나의 아침을 깨우는 바람
부스스한 잔 머리카락을 간질이더니
사랑같이 감싸는 아침 이슬 냄새는
나를 숲으로 와 쉬게 하는 이유

새들의 아침도 바쁘지만
푸른 나무들이 한들한들 날 부르는 손짓하고
카메라를 챙겨 들고
자연 닮은 아침 밥상의
이름 모를 나물의 향긋함이 배를 채우니
걸음은 세상을 다 맞으려는 듯 재촉한다.
마음보다 앞서 걷는 숲길

흔들리는 것은
야생화 나무들뿐이 아니다.
어느덧 나의 생각들이 마구 흔들리고 있다.
즐거워 춤이라도 추듯이 흔들리는 시간
숲은 나의 시간을 초록으로 물들인다.
꽃을 피우고...
평온한 감사를 떠올리게 한다.
행복한 숲길의 아침을 사랑한다.

모든 것을 사랑하게 되는 아침..
소리 없이도 부르게 되는 노래
자연의 노래..

박강수는

저는 항상 그 자리에 있었습니다.
변한 것은 새 노래이고
바뀐 것은 관객들이었습니다.
가수와 음악을 향한 마음도 작은 종교 같아서
시작엔 영원할 것 같다가도
쉬 변심이 되고 멀어졌습니다.

저는 항상 그 자리에 있었습니다.
지나간 것은 시간들이고
쌓이는 것은 작은 숨소리로 부르는 노래들과
객석의 관객들이 무대를 향한 마음
그렇게 잘 되기를 바라는 간절한 기도였습니다.

저는 항상 같은 자리인데
돌아보면 고마운 이름들이 사라져 없고
생각하면 고마운 마음들이 희미합니다.
영원할 것 같은 기다림은 벌써 떠나고 없었습니다.
조급증은 가수뿐만 아니라
관객도 상사병처럼 오나봅니다.

폭풍 같다가 밀물 같다가 사랑 같다가
정신을 차리면 삶이 바쁜 일상인 것을
관객들이 먼저 알기에
늘 그 자리에 있는 저는
그저 기다리는 마음뿐입니다.
이별 같다가 썰물 같다가 상실감도 알아집니다.
객석을 향한 마음도 사랑이기에
끊임없는 실연의 연속을 받아들여야 합니다.

저는 항상 작은 무대 위에서 노래합니다.
그대가 떠난 빈자리에 눈을 맞추고 아쉬움을
첫사랑이 주고 간 고마움을
미련 없이 가버린 그대의 자리 위에도 앉아
뜨거운 노래 부릅니다.

저는 항상 거기에 있습니다.

사랑은 기다림 같습니다.

내게 오는 즐거움

환한 웃음을 안고
그대가

그 많은 사람들 중에
그대가

기다림이 달다.

그대가
내게 오는 즐거움

사랑이 깊다.

보고픔이 길다.
그대가

문

길이 되는 문 하나
빛이 되는 문 하나
꿈이 되는 문 하나
그대가 내게 그랬듯이
마음을 열어
길이 되어 주고 싶다.
빛이 되어 주고 싶다.
꿈이 되어 주고 싶다.
그대에게..

2006년 11월 30일

손 비비며 열을 내야 하는 추위를 만났다.
눈을 기다리고 기억할 수 있을 추억을 만들어가며
우리 둘의 겨울은 그리고 만남은 시작되는 듯합니다.
이르다 싶지만 흰 눈 날리는 노래가 흐르고
11월의 마지막을 막 지났다.
바로 내 앞까지 와 있는 겨울 그리고 크리스마스
이 작은 카페의 음악이
그대와 함께이기에 나는 들떠 있다.
당신을 기다리는 시간이 기분 좋다.
사람들 지나다니는 길보다
낮은 작은 카페 창가 자리에 앉았다.
이름이 촛불 1978..
뜨거운 차 한 잔을 마시고
아직은 조금 어색한 눈길을 주고받았다.
홍차 한 잔에 행복했고 그 사람이 있어 고마웠던 기억
11월 30일 오후 2시를 잊어버리고 말아야지.
함께 있던 시간들 그 예쁜 마음을 잡아 두어야지.
그대에게 더 다가가려는 마음을 잡지 않겠어.
그대만 괜찮다면 잘해 보고 싶은데
이런 마음이 부담스럽지만 않다면..
우리 만나요.

그지?

손발이 꽁꽁 얼어 버릴 것같이 추운데
그대 사랑하는 마음이 뜨거워
견딜 수 있다는 것이 행복이야
그지..

좋아하지 않은 음식인데
그대가 잘 먹으니까 완전 배부른 것 같아
이런 게 사랑인 거지
그지..

내일 아침 일찍 볼일이 있어도
괜찮아.. 하고 대답했어.
조금만 더 같이 있고 싶어서 그랬어.
나 사랑에 빠진 거 맞지
그지..

배도 안 고프고 잠도 설치고
시간도 쫓기고 얼굴이 푸석푸석해도
맨 날 웃고 있는 바보들
우리 사랑하고 있는 거 맞지
그지..

잔소리

밥을 잘 먹어야 한다고
다 큰 어른에게 하는 잔소리
비가 오는 날이면 운전조심
성격 급한 탓 하며
매사에 여유를 가지라고 따따따따~

문자 빨리 안 보고 안 보낸다고
전화 잘 안 된다고
늦은 밤에 왜 잠을 안 자느냐고
따따따따... 잔소리

나만 보면 입이 근질거려
입만 열면 내게 하려는 기분 좋은 잔소리

이제 다시는 들을 수 없는
따따따따
그 목소리..
기분 좋은 잔소리

반쪽

하나가 되는 거
싫은데
그대도 반쪽
나도 반쪽
그렇게 오래오래
하나가 되지 않아도

하나가 되어
깨어져 버릴 과정은 싫은데

나는 그대의 반쪽
그대는 나의 반쪽
그렇게 곁에 있으면 되는데

반쪽이어야 하는데
사랑은..

느낌

사랑인 줄 알았던 것은
사랑 아니다.
사랑이 아닐까 하는 것은
사랑 아니다.
사랑이었으면 하는 것은
사랑 아니다.
사랑을 의심하는 순간
그 마음은 이미
사랑이 아니다.

misty

사랑을 하면 눈이 먼다?

어쩌면 사랑을 하면서 길을 잃는 게 아닐까?
도무지 앞이 캄캄해 헤매다가
빛이 보이기도 하지만
안개 속을 가는 것처럼
희미한 이별을 만나기도 한다.
그렇게 이별과 맞닥뜨리게 하기도 한다.
사랑은..

선택

생각이 꼬리를 물면
끌려 갈 것인가
끊어 낼 것인가

생각이 나를 지배하려 들면
조종당할 것인지
생각을 바꿀 것인지

그 지점에서
우린 쉽게 길을 잃는다.

생각보다 먼저
행동으로 머리를 자르고
마음보다 먼저
사랑이 옷을 갈아입는다.

사랑이 급했다

절망이었다가
고통이었다가

과속에도 대가가 따르는데

하물며
온 마음을 다해 전력질주
그대를 향해 마음이
달려간 것이다.
.
.
후회는 늦다.

과태료는 눈물
납부기한이 지나면
그리움이 남을 것이다.

새벽

즉석에서 말아 주는 것 같아도
한 줄 김밥에는 그저 아주머니 졸음기를
쫓을 만큼의 온기밖에 담지 못했다.

말도 없이 하나 하나
먹었다기보다는 밀어 넣었다는 표현이 맞을까…
할 말을 잃고 마음을 닫고
내내 집에 오는 길만 생각했다.

그대만 생각하던 때와는 달리
함께여도 참 쓸쓸했다.
가장 추운 날이었고
가장 어두운 밤이었다.
24시간 야식집을 나선 후
서로 집을 향해 차를 몰았다.

그 새벽이 그 김밥이
우리가 함께 먹은 최후의 만찬인 듯
기억에 남아 있다.
그것이 마지막이었다.
그대와 나의…

부디

불가항력같이 밀어 낼 수 없던 사람을
사랑하게 되었다가
이별이게 되었습니다.
그저 아무것도 바라지 않았다 싶었는데
너무 많은 것을 두고 다투는 바람에
더는 우리 사랑이라 할 수 없을 것 같기에
헤어지자 했습니다.

혼자 먹는 늦은 점심에
두 눈과 코끝이 시큰해지고
막 후회도 되고
뒤죽박죽인 하루가 어두울 무렵
나는 진심으로 당신을 사랑하였다 생각하였습니다.

그대는 지금 그 자리에 있을 때 가장 아름다울 것이며
더 없이 행복한 날들이 기다리고 있을 거야.
나는 그렇게 믿고 돌아섰기에
보고 싶을 맘 때문에 지금은 웃어 보일 수 없지만
진심으로 당신을 사랑한 선택을 하였다 생각 중이야.

당신

당신은 내게
사랑이었고 이별이었습니다.

눈물겨운 만남이었고
눈물 나는 이별이었습니다.
불꽃 같은 사랑이었고
잿더미 같은 이별이었습니다.

눈부셨지만 지금은
눈을 뜨기조차 힘든 하루입니다.
짧았던 사랑의 기억을 가지고
영영 이렇게 아픈 날을 맞이할 것만 같습니다.

인정머리 없는 사람
미워하고 또 미워하고

이별 앞에서 그대 앞에서
내 사랑은 힘이 없습니다.

눈물

다시는 볼 수 없다는 게 얼마나
아픈 일입니까...

멈추지 않고 그대에게로 가는 마음
기다려주지 않고 가는 그대의 마음

혹시 돌아봐줄 줄 알고
그럴 줄 알고 흐르는
눈물

얼마나 힘든 일인지..

그리움을 멈추는 일
보고 싶은 마음을 참는 일
기억을 떠올리지 않는 일
핸드폰을 들여다보는 일
만남을 지워내는 일
늦은 밤 시간 잠을 청하는 일
다시 하루를 시작하는 일
이 모두가
그대와의 이별 뒤에
내겐 너무 힘든 일입니다.
아직도 내 심장은
그대 기억으로부터 자유롭지 못한 채
힘든 나날입니다.

누구?

유행가 가사처럼
누가 사랑을 아름답다 했는지
나도 묻고 싶습니다.

위장이 뒤틀려 음식을 거부할 만큼
세상이 싫어지는 이별을 남긴
그 사랑을
누가 아름답다 했습니까..

몸보다 마음의 상처가
눈에 보이지 않아 그렇지
얼마나 흉터투성이인지 아나요?

누가 사랑을 아름답다 했는지
따져 묻고 싶습니다.

누굽니까 대체...

실연

보이지 않겠지만 꾀병이 아닙니다.
몸도 아프지만 마음은 그보다도 더
힘들어 죽을 것만 같습니다.

아무에게도 알리지 못한 만남이
나를 더 병들게 하고
가슴 속의 뜨거움을 식힐 구실이 없어
열병으로 잠 못 드는 밤
그런 날들이 늘어만 갑니다.

아는지 모르는지
그 사람은 냉정하기만 하고
잠깐 만나 헤어지는 것은 대수롭지 않은지
여전히 같은 일상을 살아가는 사람

그런 사람을 미리 알아 볼 수 있는 눈이
내겐 왜 없는지 제 발등을 찍었습니다.
나도 보란 듯 말짱한 얼굴하고
다시 지나쳐도 좋겠는데
얼굴이 말이 아닙니다.
누가 봐도 알 듯합니다.

감추려다가...

일상과 근황이 궁금한 사람들
보이지 않는 속내가 알고 싶어 안달난 사람들
남 일이라면 더 애써 알아야 하는 사람들
쌈 구경 불구경 신나하는 사람들
그런 사람들 속에서 힘든 나
.
.
참지 못하고 다가와 묻는 사람에게
.
.
.
우리 끝났어요.
했다.

이유

솔직하지 못한 내 지난 사랑은
잠 못 들게 한다.
흔들고 흔들어 깨우는 기억을
저만치 몰아낼 힘이 없다.
끌어안고 누워 밤새 뒤척일 수밖에

나처럼 내 기억과 함께 잠 못 드는지
잠깐씩 인정이라도 해야 위로가 되는 못 된 마음

어둠속에서도 눈을 감는 나
뜬 눈으로 잠을 기다리는 나
쓰리고 아픈 시간들이 아직도 길게 줄을 서 있다.
이 어둠은 끝이 없다.

시간만큼이나 많이도 쌓인 기억들
아직도 생생한 칼날 같은 말들
그대 마음이 낸 상처들이 아물지 않고 있다.
밤마다 통증에 시달리는 나의 불면이 고통스럽다.

그대가 내게 남긴 것은 고작 불면의 밤
아직도 멀어지지 않는 불면의 기억.

기침

감기가 아니다.
기침이 나는 것은 그대 때문이다.
참다가 그립다가 속으로 부르다가
차마 그 이름 꺼내 부르지 못하고
삭힌 고열로 토하는 한숨이다.

감기에 걸릴 것 같은 서늘함을 느낀다.
외롭지 않으냐고 무심한 안부를 전해오는
사람 몇은 시린 겨울도 없어 보인다.

마음이 그대를 향하다가
많은 사람들로 인해 갈 길을 잃은 도심 한복판에서
문득문득 살아난 기억들이 밟는다.
나 외에는 아무도 상관없던 시간들이
땅에 떨어져 무심히 지나가는 발길에 차인다.

자꾸 기침이 난다.
그때가 생각나더니 콜록콜록 자꾸만 기침이 난다.
그렇게 자꾸 기침을 한다.
밤새 내 가슴이 쩌렁쩌렁 울리도록 아픈 이야기들이
쏟아져 나오려고 기침을 부른다.

불씨

타닥타닥타닥 틱틱~
불똥이 튄다.
어디로 튈지 모르는 마음같이
사방으로 잡념 같은 불꽃이 튄다.
슬피 지난 내 하루같이
하얀 연기에 눈물겹다.

화끈거리는 기분 드러나
양 볼이 붉다.
불꽃보다 더 뜨겁던 사랑은 다 타버리고
잿빛 상처가 아물지 않고 남았다.
타다 남은 내 사랑이 남긴 질투가
불꽃에 어른거렸다가 비웃고 사라진다.
.
.

다 타버린 줄 알았던 기억
재가 되는 사랑이 아직 뜨겁다.
그대 기억으로
꺼지지 못한 사랑이
나는 뜨겁다.

지난 사랑은 지금

꿈만 같진 않았다.
사랑은
힘들고 고단한 갈등의 연속

달콤하지도 않았다.
사랑은
상처 주고받는 것도 모르고 부리던 자존심
그거 아무짝에도 쓸모없는 자존심

후회하지 말아야 하는데
아름다울 사랑하였으니까
끈질긴 사랑도 사랑은 사랑이니까
사랑 원래 그런 거야 하는 사람도 있으니까

지난 내 기억에
그리움도 있고 미안함도 있고
후회도 있고 용서도 있다.

지금은
남이 될 수도 없는 사람으로 남아 서성거린다.

기다리면 잠들지 못한다

그대를 기다리다가 잠들지 못하면
새날이 더디 오지 않던가..
기다리면 잠들지 못한다.

더디 오는 새벽이라도 좋으니
그대를 기다린다.
날이 새도록 기다리는 그대는 오지 않는다.

새날은 오는데 기다림은 오지 않는다.
사랑은 아직 멀었다.

오늘도
내일도
기다리면 잠들지 못한다.

새날들은 가는데 그대는 오지 않고
새봄이 오려는데 사랑은 가고 없다.

기다리는 잠은
오늘도 오시지 않는다.

바램

사랑을 노래하고 싶었다.
다시는 이별로 내 감정을 후벼 파지 않고
아픈 노래 들려주고 싶지 않아서

요즘 어때..
누군가 물어옵니다.
내게 무슨 일이 있는 건지만 궁금해 했을 뿐인데
눈물 먼저 흘러내립니다.

나보다 마음이 더 아픈 기억을 하고
아직도 사랑인 줄 알고
다시 그대가 오는 줄 알고
나를 부르는 줄 알고

기다리기만..
자꾸 돌아 봐지기만 합니다.

우리는

우리는 같은 곳을 보아도
다른 생각을 하는 사람들

우리는 사랑하면서도
외로운 사람들

우리는 끝내 함께 하지 않아도
사랑은 다시 할 수 있는 사람들

우리는 언제든지 어디서든지
다시 만날 수 있는 사람들

우리는 잠깐 만나 헤어지면서도
눈물 흘리지 않고 격려하는 사람들

우리는 아픈 상처 드러내놓고도
기꺼이 웃음 웃는 사람들

우리는 서로 비슷한 사람들
그런 사람이 있었습니다.
제게

그럴 걸

아무 말도 하지 말 걸
사랑일 때도
이별일 때도
그 시작과 마지막에도
그냥 입 꾹 다물고 있을 걸
떠오르는 단어들 그냥 삼켜 버릴 걸

그대가 한 말
그대에게 한 말
헤어져 되뇌면서
이래서 저래서 안 되는 이유
그렇게 복잡하게 만들지 말 걸

돌이킬 수 있다면
그대에게 아무 말도 안 해.

그럴 수 있는데
지금은 그럴 수 있어.

나만

나만 힘들고 괴로운 줄 알고
나만 보고 싶고 그리운 줄 알고
나만 외롭게 지쳐가는 줄 알고
나만 잠 못 들고 뒤척이는 것 같고
나만 배고픈 줄 모르고 생각만 채우는 것 같고
나만 기억 속을 헤매는 것 같고
나만 그대 주위를 배회하는 것 같아
억울했지만
그대도 그랬었나봐.

그래도 된다면

미치도록 그리워하겠습니다.
보이지 않게 감추어 그리워하겠습니다.
그대에게 가 닿을 수 있는 그리움이라면
밤새 그대 향한 그리움으로 뒤척이겠습니다.

그래도 괜찮다면
그대를 기다려 보겠습니다.

내 차례

그대는 내게
아름답고 멋진 사랑을 주었고
나는
그 사랑을 다 받아 행복했었지.

이제 내 차례인데..

아!
그대는 내 곁에 없다.

불치병

우리 사랑은 결국
위염이라는 현대 의학이름으로 남았습니다.
병이 되고 깊어 죽어가는 사랑
큰 수술 없이는 살아남지 못할 사랑이랍니다.
백신이 없는 사랑 하였습니다.
나는
그대하고...

어느 날

어느 날
철지난 폴더 하나를 열어 보다가 보게 된 사진 한 장
그대라는 이름의 사람과 함께 찍은 내 사진 한 장
그대를 담은 기억들은 하나도 버리고 싶지 않아 남긴
사진 한 장

오늘
그 사진 한 장 휴지통에 버리고
영구 삭제를 누르고
며칠 동안을 더 그대라는 기억을 찾아
컴퓨터를 뒤적이고 있다.
모든 것들이 제자리로 돌아와 잊은 지 오랜데
나는 또..

복구할 수 없다는 물음에 yes를 눌렀는데도
그 사진 한 장을 찾아 헤맨다.
자꾸만 괴로운 기억
그 마지막 인사

어느 날
사진 한 장 때문에...

당연한 일

바람에 흔들리는 건 당연한 일
자연이 가르쳐 준 아름다운 흔들림

이별을 아파하는 건 당연한 일
사랑했기 때문에 남아 있는 그리움의 흔적

그대 아니어도 내가 아니어도
쓰러지기도 하고 아파하기도 하며 살아가는 것은
우리네 일상에서 흔하디 흔한 일

이제 다시 일어서야 하는 건
당연한 일
이제 잊어 버려야 하는 건
당연한 일

이유

모든 것이 다르다.
사랑한다는 무형의 그 마음 하나 빼고는
닮은 구석이 하나 없는 우리
그대도 나 같기를 바라고
다른 나로 인해 화가 나는 그대

닮은 데 하나 없이도
평생을 살아갈 수 있는 이유
남들 사는 이야기 속에 담겨 있는 진실을
우리 만남에도 비추어 보자면
그건 단 하나 사랑하기 때문일 것

만나는 이유 헤어지는 이유
별것 아닌 사랑이라 해도 그 이유로
우리는 행복했으므로 또 다시 사랑하는 것

나는 그대를
그대도 나를 사랑하기 때문에 아픈 것
인정할 건 인정하자.
사랑하기 때문에 힘들다는 것을...

노래가 되었다

헤어짐이 되어버린 나의 사랑은 노래가 되었다.
그대를 너무도 그리워하다가 나의 노래가 되었다.
그립고 그리운 노래
미운 원망의 마음도 노래로 불렀다.

들어주는 사람은 없어도
나는 가슴 절절한 기억을 부른다.
다시 볼 수 없음이 공허하고
내 마음이 너무 간절해 부르려는 노래
그대가 들어 주었으면 하고
너무 아픈 노래를 한다.

참을 수 없었던 이유도 몰라.
그저 심통이 나서 내 던져진 말들
돌아보면 아쉽고 미련했고 이기적인 마음들
함께 있어 좋다던 우리
그 시작만으로도 행복했어야 했는데
웃고 떠들고 위로하며 좋은 날들이었으면 했는데

우리의 짧은 만남은
시작하기라는 노래가 되었다.

아름다운 이야기

이별은 아름답다.
지나간 기억이 아름다워 잊을 수 없고
그대가 보고 싶어 뜬 눈이어도
이별은 아름답다.
손에 쥔 것은 기다림
오지 않을 기다림
그대와의 기약 없이 만날 기대는 그저 습관이 된다.
습관처럼 그대를 사랑하다가 남은
쉬 고쳐지지 않을 버릇
아직도 내 이별은
아름다운 사랑 하고 있다.
그대 이별과 함께

꿈속에서라도

우리 사랑
꽃으로 피우고 싶다.

진심을 다해
뜨겁게 사랑한 이야기
꽃으로 피우고 싶다.

우리 사랑이 다해
꽃잎으로 떨어지더라도
꽃씨로 남아 다시 피워보고 싶다.

그렇게 사랑하다가
꽃밭을 이루어 사랑을 키우고 싶다.
사랑을 가꾸고 싶다.

우리 이렇게 아름다웠노라고
아름답게 피고 지는 꽃이 되었노라고
언젠가 말하고 싶다.

그대와 나의 시절은 갔다

꽃피워 보지 못한 우리 사랑
그대와 나의 시절은 갔다.
이미 오래 전 다하지 못한 말들을 안고
깊은 땅속으로 사라져 버렸다.
꽁꽁 얼어붙은 겨울 동안에도
내 가슴은 뜨거움으로 몸살을 하며
어느새 가버린 시절
그대와 나의 사랑은 끝이 났다.
저 멀리 오고 있는 봄을 기다리지 못하고 그만...

이별했지만 꼭 알아야 할 것

그것은 바로 스스로를 더 사랑해야 한다는 것
죽을 만큼 사랑했던 그 사람보다
더 내 자신을 사랑해야 한다는 것
이별이 아프다고 다 포기해 던져버리고 나면
그 사람을 잃는 게 아니라
바로 나를 잃게 되는 거니까
사랑했다면 이별했다면
더 사랑해야 하는 것은 내 자신이고
더 이별해야 하는 것은 그 사람과의 기억입니다.

쓸쓸하다

봄은 참 쓸쓸하다.
생기 넘치는 자연의 시작도 슬프다.
내 안의 새로 날 것이 없다는 생각에
나의 봄이 서글프다.
그대와 함께 피우고 싶은 사랑은
지난겨울을 넘기지 못하고 죽었다.
새싹을 돋우지 못했다.

대지가 녹는다는 것은 희망이나
내 마음은 녹지 않는다.
봄이라 해도 엄동설한 눈발이 날린다.
흐르지 못하고 얼어버린 마음이 이른 봄이 아니라
그보다 더 긴 시간을 내놓으라 한다.

한 장의 달력을 넘기고 또 돌아본다.
많은 것들이 깨어날 까봐
봄이 오는 것이 두려워
쓸쓸한 기분이 마른가지 사이를 먼저 뚫고 나온다.

사랑하는 사람 없이 맞이하는 봄은
내게 참 쓸쓸한 일이다.

밤길을 걷는다

술 못하는 나는
혼자 밤길 서성거리는 나는
술 취해 업혀가는 네가 부럽다.
속 시원한 주정 하고 훌훌 털어버릴 기억들로
개운할 너의 기분이 부럽다.
너는 기억이 날 지 모르지만...

출출한 새벽녘의 허기를 달고
밥집에 들어가는 사람들이 부럽다.
괜한 부끄럼이 일어 혼자 앉아 청승맞은 1인분
시키기 뭣해서 냄새만 떠올리며 기분을 채운다.
이런 젠장!!

혼자 밤길 걸을 일 안 만드는 것이 좋다.
쓸쓸한 기분에 달아난 밤잠 잡으려고 쏘다니다가
황사에 눈만 빨개져 돌아왔다.
새벽엔 혼자 돌아다니지 말자.

오늘은 부러움의 끝 배고픔의 끝 불면증의 끝
그 끝이 어디야?

혼자라는 것이 싫다

집에 다 와서
텅 빈 집 앞에서 망설이다가
뒷골목 작은 횟집으로 향하는 마음
늦은 시간 이럴 때

배가 고프다.
배는 고픈데 식욕이 없다.
문득 전주식당을 지나는데 고기 냄새가 난다.
1인분은 안 판다.
2인분은 너무 많은데...
이럴 때

가장 아름다운 풍경을 만났다.
구름이 지나는 것을 보고 바람이 신이 났다.
파란 하늘에 바람이
구름을 제멋대로 옮겨 놓고 있다.
하늘구경을 하는 사람이 나뿐이다.
이럴 때

많이 힘들었던 오늘 같은 날
이럴 때

그리운 것들

바다가 그립다.
숲이 그립다.
익숙한 내 자리를 떠난 낯설음도 그립다.
차 한 잔 앞에 두고 같이 이야기 나눠줄 사람이
그립고 편안한 이야기도 그립다.

시골 농사에 하루가 짧은 내 오빠의
따뜻한 말 한마디가 궁금한 날이다.
조카들의 구실 작은 다툼의 소리도 맴도는 날
너무 나이만 먹어간다 한숨짓는다.
사는 게 귀찮다는
엄마의 초저녁 뻔한 3대 거짓말 중 하나
건강하기만 하셔요.
부디... ㅎㅎ

카메라 들고 어디로든 떠나가 볼까 하다가
주저앉는 마음이 짜증스럽기도 하고
게으름의 극치를 안고도 마음만 문밖을 나서서
그리운 것이 많아 오도 가도 못하였습니다.
그리운 것은 다 멀리 있다.

도시

들꽃이 도시에 산다.
바람도 지나기 싫은
빌딩숲 사이
들길이 그리운 꽃이
도시에 산다.

꽃잎이 아침저녁으로
피었다 오므렸다 한다.
향기도 없이
공해에 찌들고 지친 햇볕으로
꽃잎은 피웠다 오므렸다 한다.

도시에 사는 들꽃의 고단함 외로움
사람들 잠이 드는 밤이면
농사짓는 오빠가 사는 시골에서
바람이 휘잉 하고 지나며 그리운 냄새를 전하고 간다.
그런 날은 들꽃이 잠을 설친다.

오빠도 생각나고
노랑나비도 그리워져서...

나는요...

나는 백발 주름진 손으로 온기를 주는
할머니가 없다.

작은 것 하나까지 닮았다.
찬찬히 훑어봐 주시는 할아버지도 없다.

삼촌 고모 온가족 모여 잔치를 벌이는
훈훈한 기억이 없다.

모르겠다.
처음부터 기억이 없다는 것은
그리울 대상이 없는 것이므로
나는 잘 모르겠다.

나는 외롭지 않다.
닮은 웃음을 짓는 맘씨 좋은 오빠가 있으니
나는 외롭지 않다.
오늘도 외롭지 않다.

서운한 말 한마디

나 없다 하고 살아라..
자식아 자유롭게 살아라.
걱정 없이 살아가거라.
자식은 아직 멀었다.
부모는 자식을 가슴에 품고 사는데
부모는 자식밖에 모르는데

나 없다 하고 살아라.
자식은 그 말이 아프다.
그 마음도 모르면서 상처받았다.
나는 아직 멀었다.

엄마는 너밖에 없다 하시는데
너 하나 잘 되면 되었지 하시는데
괜찮다 하시는데
그 맘도 모르면서
소식이 뜸한 자식은
아직 그 마음에 멀었다.

어머니

당신의 사랑으로
당신의 기쁨으로
감사로
자랑으로
기도로

더러 한숨이 되고
더러 눈물 흐르게 하고

그렇게 살아가는 나는
그저 모자란 딸자식입니다.

배웅

청량리역
강원도 산골 도계의 열차 지나는 소리가 끊이지 않는
집으로 가시는 엄마 배웅하러 들어선 역사엔
진한 안부와 아쉬움이 눈물겹다.

떠들썩한 젊디젊은 대학생들 만나고 헤어지는 일이
가볍디가벼워 그저 즐거운 모양으로
요란스러운 역내에 이별은 없다.

가방 하나 보따리 하나 어린 나처럼 품에 안으신 엄마
배웅하는 내 마음은 천근만근 왜 그렇게 무거웠을까.
희끗희끗한 엄마의 세월 앞에서
엄마도 여자임을 느끼는
모자란 내 마음은 한꺼번에 무너져 내렸다.

세월의 무게만큼이나 힘겨운
엄마의 무릎관절은 기차에 오르는 첫 계단부터
삐걱거리시는지 숨차하신다.
한걸음 떼고 기다리기를 반복하는 내내
나는 엄마의 걸음걸이만큼 철이 드는 날이 된다.

엄마는 다 살았다 하시고
나는 이제 반을 사셨다고 한다.
그저 나를 보시는 눈길이 깊다.
나는 그저 죄송한 마음이 깊고..

출발을 알리는 안내 방송에
어서 가라는 손짓이 바쁘시다.
나는 차창 밖에 우두커니 눈길을 피하고 섰다.
마음이 뜨겁고 주체할 수 없이
눈물이 쏟아지려 하고
엄마 품이 멀어지는 게 이렇게 심장이 뛰는 일인지
얼른 돌아서 계단을 오르지만
여전히 그 자리에 나는 서 있다.

엄마의 마음 붙잡고 서 있다.
엄마의 주름진 손을 놓지 못하고
엄마가 간다고 어린 그 어느 날처럼 울며 서 있다.
따라 나서지도 못하고 동동 발을 구르며
떼를 쓰던 나를 두고
엄마가 기적 소리같이 사라지신다. 아...

아직도

해가 들지 않은 마음 한구석의 그늘
무슨 말로도 위로가 되지 않는 나만의 뒤안
때로 비처럼 흐르는 눈물이 되려고도 하고
가쁜 숨을 쉬게 하는 기억으로
떠올려 지기도 한다.
어루만지려는 손길도 안타까워
미안해하고 마는 나만의 속 이야기..
반쪽뿐인 사랑의 모자람은 늘 그늘져
아무것도 키워내지 못했다.

자연도 그렇고 인간의 삶도
늘 하나가 아닌 둘
점점 더 기울어 살아지는 삶에서
느끼는 빈자리가
나이 들어 더 커져만 간다.

존재감마저 상실감이 지배한 내 삶의 어디쯤
그 빈자리를 무엇으로 채울지의 고민보다
잊고 싶은 마음이 앞서 달리기도 한다.

그리움도 없다.
궁금한 것도 잠시
그 자리에 다시 상처가 자라날까봐
어느 날 아버지라는
내 삶의 숨겨진 비밀 하나가 세상에 나오던 날
원망과 미움으로 철이 들고

사랑은 늘 모자랐던 어린 나
어른이 되는 나의 길에서도 만나지는 못할
어쩔 수 없는 빈자리
훌쩍거리던 서러움의 기억
고단함의 날들
당신은 아십니까...
아버지

방파제 앞에서

갯지렁이 한 마리가
세상을 낚겠다는 낚시꾼의 의자 옆
떡밥과 엉켜 꿈틀거리고 있네.
세상을 낚는다는 핑계보다는 손맛을 보겠다고
쉴 새 없이 떡밥과 지렁이를 갈아치우며
출렁이는 바다를 응시하고 섰다.

우유 통을 잘라 만든 갯지렁이의 감옥은 허술하다.
갯벌이 그리워라
짠 내가 그리워라
떡밥을 털어내고 밖으로 나온 갯지렁이
한 숨을 돌릴 사이도 없이
태양은 뜨겁고 목마르다.

방파제 밑은 파도가 거세니
저 해안가 거뭇거뭇한 갯벌까지만 기어가면 되겠다.
조금만 더 조금만 더
길은 험하고 멀다.

힘을 내어 보지만
태양은 뜨겁고 숨이 차오른다.
안간 힘을 쓰다가 허리가 굽은 채
멈춰 선 갯지렁이
갯벌의 고운 흙탕물을 뒤집어쓰고 싶었던
갯지렁이 한 마리

그러나 허리가 굽은 채 간간히 부는 짠 내 나는
바람에라도 날려가고 싶어서인가?
잔뜩 오그라들었다.
물기 사라진 지렁이가
끝내 콘크리트 방파제를 다 기어가지 못하고
그만 멈추었다.
파도는 부르는데
바다가 기다리는데
움직이지 않는다.

피해갈 수 없는 것

살아가는 동안
혼자라는 것

.

.

.

살아가는 동안
반은 외로움

피해갈 수 없는 그대
나만의 실연

사랑할 때 잠깐 망각하다가도
나는 다시 외롭다.

누구나 다 외롭다고 한다.

외로움은

참고 견디는 것이 아니래
받아들이는 거래
이기려고 하면 지는 거래
누가 나의 외로움을 잠시만 받아주면 안 돼?

아름답다

하늘에서부터
소리 없이 오는 것들은
멋지고 아름답다.
눈과 비도 그렇지만
세상을 다 돌고 오는 바람도
향기는 정말 자극적이다.
자연에서 만들어 내는 것 중
가장 최고!
코끝으로 오는 향기는 정말..

나의 사랑도 그렇게 다가와 주기를
소리 없이 향기롭게
멋지고 아름다운 사람이기를
그렇게 소리 없이 나타나 주기를
더 늦기 전에...

대화

바람이 자꾸 사랑하라고 하네.
혼자는 외로운 거라고 하네.
심심하지 않느냐고 물어 보네.
뭐하며 시간 보내느냐고...

혼자 살아 갈 수 있느냐고 물었어.
아직은 괜찮다고 했지.
가끔 허전하지만
사랑이 다 채워 주느냐고...

혼자는 편한 거라고 했어.
시간이 많은 거라고 했지.
아주 자유로운 거라고 했는데...

속으로는
사랑하고 싶어.
외로워 미치겠거든...
.
.
했어.

갈증

사랑도 그리움도
.
.
.
메마른 지 오래

이별로
타는 속은
가뭄 같아.

외롭다.
목마른 한마디

한 모금 사랑 같은
오아시스를 만났으면...

잠자리

그리워 왔거든
맴맴 돌지만 말고
내려와 앉아라.
손끝에 닿을 듯한 날개 짓이
서두르는 마음 알겠으니
맴맴 돌지만 말고
내려와 앉아라.
허공만 어지러이 돌지 말고
딴청 부리듯 눈동자만 굴리지 말고
마음에 앉아 봐
잠자리야

잠시

만남도
사랑도
그대가 나를 잊는 것도
내가 그대를 지우는 일도
이 모든 것이
잠시뿐이라는 사실도
잠시...

나의 노래

선잠을 자고 일어나니
하얀 생각들이 얼룩진다.
꿈이 아니라 오늘이기에
현실이 되는 기억들
내 작은 손끝에 달린 운명의 이야기들이
노래가 되려는가?
그대 입가에
그대 귓가에 맴돌다 사라지더라도
나는 노래하련다.
시가 되고픈 노래…

딩동

사랑이니?
아니?
사랑 아니야..

.

이별이야
문 좀 열어줄래?
싫어!
싫어!

.

기다려
눈물 나잖아.
조금만 더 기다려

.

알았어.
사랑이 보낸 마지막이야
네가 마음을 열어줄 때까지 기다릴게
나는
이별이니까...

비밀번호

통장도 여러 개
비밀번호도 여러 개
내 기억도 여러 개
근데 왜 안 맞지?
하나도 안 맞아
그대에게도 비밀번호 같은 열쇠가 분명 있었는데
안 맞아
왜 안 맞지?
내가 알고 있는 열쇠를 다 시도하는데
안 맞네
안 맞아
결국 휴면 상태야

보고 싶지만

보고 싶지만

오늘은 참자.

보고 싶지만

오늘만 참자.

보고 싶지만

오늘은 안 돼.

보고 싶지만

내일로 미루자.

보고 싶지만

하루만 더

한번만 더

보고 싶지만

벌써 열흘이 지났어.

이젠

보고 싶어도...

ㅜ.ㅜ

이별의 방법

.
.
.

궁금해 하지 않으면 돼

궁금하면
보고 싶고
궁금하면 그립고
궁금하면
전화하고
궁금하면
서성이게 돼

그러지 않으면 돼
궁금해 하지 마.

세금계산서

사랑하는 동안
너는 무엇을 주었고
나는 무엇을 받았지?

이별하는 동안
너에게 해준 거 다 내놔
내가 뭘 받았다 그래
해준 게 뭐 있다고

헤어질 거라면
영수증을 꼭 주고받아
이 바보야
이별일 땐 정산이 필요하니까.

절대 내 얘기 아님.
ㅜ.ㅜ

풀리지 않는..

대통령도 어찌지 못하고
부모형제도 어찌 해볼 수 없고
친구도 소용없는
너와 나도 어쩔 수 없어 복잡한
그것은 바로 이성문제!

치마를 입지 않는 이유

종아리가 두껍다
모근이 발달되었다
하체가 길지 않다

.

.

.

제일 큰 이유는
바지가 편하다

나 그냥 편하게 살래
이제 물어보지 말아줘.

누구세요?

하루 종일 내 생각 하고
하루 종일 내 노래 듣고
하루 종일 내 얘기 하고
하루 종일 내 사진 뒤적이는

당신은 광팬, 열성팬...

우하하하하~!

자연 미인

아무리 예쁘다는 것을 보고 들어도
나는 자연 미인이 좋긴 좋아
자기 관리 차원에서 예뻐지는 것
그거 나쁘게 생각하는 게 아니라
나는 그냥 있는 그대로가 좋은 거야
처음의 그것을 영영 만날 수 없다는 생각은
해본 적이 없어
그래서 나는 있는 그대로가 좋아

바람 부는 대로 흔들려
무너질 줄도 아는 빈틈이 좋아
엉성하게 서 있는 나무와 풀들을
무심하게 지나지만
그냥 거기 그대로인 게 참 좋아
마음과 기분이 드러낸 표정을
있는 그대로 느끼고 싶어서 나는..

호호호

뭐 먹으러 갈까?
뭐 드실래요?
뭐 좋아하세요?
뭐 아무거나..
뭐든지 괜찮아요.

그럼
저..

날로 먹는 거요!

추우니까

작은 방인데 우풍이 있어 겨울나기엔
제법 단단한 준비를 해야 한다.
나만의 고단함을 받아 줄 방이 추우면
몸과 마음만 움츠려 드는 게 아니라
생각들이 온통 오그라든다.

창작 의욕은 간데없고
전기 장판 위에 누우라고만 보채는
오들거리는 어깨를 내가 끌어안는다.
이런!!
감기라도 들면 더 큰 일이니
오늘 일정은 수정이다.

텔레비전 시청과 침대 위에서 얼마 전 구매한
인디밴드 여가수의 생각들을 에세이로 만나보고
트위터도 조금 페이스북도 조금
그러다가 스르르르 잠이 들기로..
어~ 춰~

미련

가장 힘들고 피곤한 시간에
내 자신을 살피게 된다.
쓰러지는 것은 쉬는 것이 아닌데
늘 그 지경이 되어서야
잠시 숨을 고르게 되고
축 늘어진 몸과 마음에 미안한 생각이 드니
나는 참 바보다

살아가는 것이 내가 되어야지
그 외의 것들이 나를 앞질러 가면
결국 나는 끌려가는 꼴이 되는 거잖아
이런 미련할 때가 있나
이런 바보 같을 때가 있나

후회는 늦다지?
그래 그 늦은 후회가 없으려면
지금 나를 쉬게 하는 것
그것만이 가장 현명한 선택이야
아 근데.. 해야 할 일은?
응? 그거..
그건 그 다음이지..

나를 위한 재테크

혓바늘이 돋으면 잘 먹고 푹 쉬기!
편도선이 부으면 말 많이 하지 말고
따뜻한 물을 많이 마시고 푹 자기!
종아리가 부은 날 베개를 두 개 정도 쌓아서
두 다리 올리고 혈액순환 해주기!
얼굴이 팅팅 부은 날 따뜻한 물에 족욕을 해주기!
땀이 송글송글 맺힐 때까지
의욕상실 증상이 있을 때 가까운 숲길을 걸어주기!
내가 좋아하는 피톤치드 다량 들이마시기!
도시의 소리에서 멀어지기!
물소리 새소리 바람소리만 만나기!
외로움이 들이닥칠 때
카메라를 들고 새로운 곳에 나를 데려가기!!
세 개의 눈으로 세상의 구석구석을 들여다보며
셔터를 누르기 이틀 정도 실시!
그리움이 쌓일 때 그럴 땐 오선지를 편다.
하고 싶은 이야기들이 노래가 될 때까지 흥얼거린다.
그리운 노래가 될 때까지...

자전거

나만의 작은 공간
주방을 차지하고 있는 자전거

두 번 한강변을 구경하고는
삼 년째 주방을 지키는
내 자전거

힘이 빠졌는지 바람이 다 빠졌다.
기다리다 지쳤는지 풀썩 주저앉았다.

바람이 빠져서인지 아는 친구도 싫다는
불쌍한 내 자전거

생각만으로는 너를 끌고 나갈 수가 없다.
생각만으로 사랑할 수 없는 것처럼
점검을 좀 해야겠다 그지?
자전거도
나도...

체크

밥 먹는 시간을 잘 지키지 못해서
늘 시간 들여다보며 해야 하는 것
나를 위해서

잠을 잘 자는 것은 내게 만병통치약
불면의 생각들을 놓지 못하는 것은
내 욕심에서부터 오는 것이니
일과 사랑과 생각들을 줄이는 것도
나를 위해서

친구들 연락하는 것은 나로부터 시작이어야 해
나를 향한 배려가 기다림으로 답답할 수 있으니
내가 먼저 밥 먹을까?
내가 먼저 아이는 잘 크니?
내가 먼저 너에게 전화를 걸어
너의 일상을 물어야겠어

내가 혼자일 때
내 친구가 그렇게 해 주었듯이 말이야
결국 나를 위해서

그대의 전화를 잘 받는 일
별것 아닌 걸로 다툼을 만드는 일은 미련해
조금만 신경 쓰면 되니까
나를 위해서

별거 아닌데 잘 안되네.

절전

방안에 모든 집기들이 전기 귀신
순서를 정하고 하나씩 코드를 뽑는다.
헤어드라이어 충전기
프린터 전기장판 조명기기 등
일단 매일 쓰지 않은 것부터
방안의 일상이 조금 불편하다가
아무렇지도 않은데?

그대 기억을
하나씩 지우려 할 때마다
불편했던 마음같이
아주 잠깐의 시간만 기다리다 보면
익숙함이 정리를 해줄 수 있어.

사랑이라는 사람이 떠난 뒤
모든 것이 멈춘 듯 먹먹하더니
부풀어 과부하가 걸릴 것 같던 사랑도
절전이 필요한 시기였던 거야.
맞아

붙잡고 있던 것 붙잡으려 했던 것
붙잡아 놓으면 안 되는 것 너무 많은 것들을
내 마음 한곳에 담으려는 건 욕심이었어.
절전이 필요해.

우리 사랑하는 데 꼭 필요한 시간
아끼는 마음 기다리는 마음
바라보는 마음이 필요한 우리
절전이 필요해.

물파스

눈을 비비지 마
물파스가 눈에 들어가면 얼마나 따가운데!
유년시절에도 없던 아토피 같은 피부병이
꼭 늦은 밤에 알레르기같이 돋을 때가 있다.
그럴 때 나는 물파스가 필요해.
긁어 부스럼을 키우며 잠 못 들다가
부풀어 오른 불긋불긋한 부위에
쓱싹쓱싹 문지르면
따갑기도 하고 시원하기도 하고
그런데 그것도 잠깐이야
다시 가렵기 시작하면 그날 밤은 꼴딱 새는 거야.
피가 맺힐 때까지 긁어도 아프지 않아
가려움이 심할 땐 피를 보아도 황홀하기까지 해
사랑했던 사람이랑 이별한 기억까지
말끔히 잊게 해주는 아토피 가려움증
사랑보다 한수 위인가 봐 ㅎㅎ
그보다 한수 위는? 당연 물파스!!
가려울 땐 사랑보다 물파스만 찾게 되거든
그 사람 생각이 하나도 안 나거든.

손금

손금에도 없는 사랑
명줄은 긴데 자식복은 없어요
머리가 좋은 편이고
후반에 돈도 많이 벌어요
관리를 잘 하셔야겠네요
줄줄 세니까... ㅜ.ㅜ
연애를 해도 이성이 잘 생겼진 않네요 이런!!
부모님 덕도 기대하지 마세요
초년 운은 안 좋으나
타고난 예술성을 잘 개발하면
성공할 수 있을 거예요 흠.. 기대
건강은 늘 살펴야겠고 많이 베푸세요
네...
몇 배로 돌아올 거예요
마흔이 넘으면 대운이 드네요
그래요?
남자 조심하시구요
지금 하시는 일 게을리하지 마세요
평생 남 앞에 설 운명입니다.
네... ^^

하나씩만

하나 더 갖고 싶은 것들이 욕심으로 불어나
갖고 있는 어느 것이 그 하나였는지도 분간할 수 없다.
하나도 많을 때가 있는데
나는 늘 하나 더 갖기 위해 대가가 따랐다.
결국 하나를 비워야 하나를 갖게 되는 날
둘러보았더니 남길 것이 없다.
모두 버릴 것들이다.
욕심만 불어나 있었던 것이지
하나만 남기고 모두 주어야겠다.
누군가의 소중한 하나가 되는 순간
내가 지금 하나를 덜어 내겠다 마음먹는 순간
모든 것이 소중해지는 순간이 된다.

희망사항

꽃이 피는 강가
꽃잎 물드는 강가
꽃바람에 흔들리는 강물
꽃이 지는 강변
꽃내음 이는 강둑에
작은 집 한 채 만들어 살고 싶다.
노년이 오면
나의 노래 부르며
나의 화단을 가꾸면서
들꽃이 피는 강가
그 어디쯤에 살아보고 싶다.

목걸이

나 좋다고 준
목걸이가 내 목이 아니고
작은 화분에 걸려 있다.

목에 걸어야 예쁠 그것이
나무에 걸려 있으니 부자연스럽다.

내 목에 걸어도 부자연스럽고
나무에 걸어도 자연스럽지 않은
목걸이
어쩌지?

부디 달라고 아우성 하진 마시길
남의 이별을 가져다 뭣에 쓰시려고
누구의 실연을 목에 걸고 다니는 것도
부자연스러운 일이 되잖아.

사람은

촘촘한 수많은 기억들로
사랑하고
이별도 하고
시련에 눈물도 흘리고
주저앉아 도저히 일어날 수 없을 것 같기도..
수없이

때를 알기란 참 어렵다.
특히 사랑하는 일 이별하는 일에 있어서..
그래서 늘 고통스러움을 동반해 시간을 의지한다.

자연은 어찌 그리도 그때를 잘 지켜 알고
순응하며 살아가는지...
감탄.. 경의.. 그 이상..
자연은 진리다.
때를 아는 진리를 어떻게 터득했을까...

책을 보다가

시인의 일상을 책으로 보다가
문득 그 시인을 만나고 있다는 생각에 이른다.
저자의 팬 사인회도 많이 가보고
글보다 목소리를 기억하는 것도 좋겠다.

시인이 다니던 산기슭을
나도 따라 새벽에 걷고 있다.
책을 읽는 것이 아니고
시인을 만나고 있는 것이다.
계절 꽃을 함께 피우고
향기를 맡으며
마당에 나와 앉아 있다.
나의 유년시절을 어찌 알았는지
비슷한 기억으로 덩달아 신이 났다.

아직은 어둡고 추운 한겨울의 새벽 4시
떠나고 싶어도 해가 나면 기다리는 약속들이 많다.

도시의 일상에서 시인을 꿈꾼다는 것은
실연의 고통보다 때로 더 혹독한
외로움을 가져다주기도 한다.

저 멀리 바다 보러 가고 있다고
언제 악양에 놀러 오라고
시가 되어 놀아주시려는가...
나의 일상에는 왜 노는 시간을 정해 놓지 않았는가
생각 중이다.

시인의 지나가는 말 한마디가
오는 날들의 시간표를 수정하게 하는 순간이다.

기분이 좋다.
놀러 가야지..
악양에..언제? 몇 월 며칠..에..??

시인을 만나고

시인의 노래를 듣고
시인의 낭송을 듣고

나는 시인이 되고 싶었다.
노래는 시가 되고 싶었다.

노래는 시의 단정함이 좋았고
시는 노래로 흔들림을 즐거워했다.

노래하는 시인의 긴장감이 새롭다.
관객들의 마음이 무대 위로 올라가 흔들린다.

시인은 가수를 꿈꾸지는 않을 터
시인이 되고 싶은 가수는 욕심쟁이

시인의 마음으로 노래하고 싶다.
시인의 가슴으로 어루만지는 노래하고 싶다.

책을 읽으며

서걱서걱 소리가 나는 책장을 넘기는 일
그 안에서 비슷한 나를 만나기도
그 안에서 닮고 싶은 그대를 만나기도 하지
알고 있다 끄덕이지만
그런 일상을 살지 못하는 바보
그런 일상을 실천으로 사는 그대를 부러워하기도 하지

그대가 비를 맞으면 나도 따라 흠뻑 젖어보고
괜히 어깨가 쳐져서는 외롭다는 말을 입김으로 뿜고
삶은 아름답고 소중하다고 외치는 그대의 열정에는
덩달아 오늘을 사는 의욕을 뿜어내 본다.
그저 시늉만 할 뿐이지만...

.

.

.

영하 14도

영하의 온도는 추운 것이 아니다.
견딜만한 것은 덜 추운 것
참을 수 없는 추위는
바람까지 불었을 때

영하의 온도에 바람이 불더니
견딜 수 없는 추위를 안겨 주었다
가만히 꽁꽁 얼어붙은
추위는 참을만하다.

영하의 기온이 바람에 흔들리며
뼛속까지 얼어붙게 하는 날
머릿속이 텅 비어 버린 듯
생각이 멈추었다.

바람 같은 이별 통보를 받은
지영이만 활활 타오른다.
빨갛게 달아오른 두 볼이
홧김에 더 부풀어 오르다 터질 것만 같다.
그만 그만 날도 추운데 그만해

오늘밤의 한파처럼
지영이의 원망이 멈출 것 같지 않다.
오늘 이별과 함께 얼어버린 마음도
쉬 녹지 않을 것이다.
봄이 지나고 여름이 지나도
그녀의 이별은 영영 깨어나지 못할
얼음 성으로 쌓일 것이다.

힘내 지영아

모르지?

사랑이 없다.
사랑이라는 내내
이별만 생각했던 마음이 택한 길
이별 내내 기다렸던 사랑을 지나
다시 멈추었다.
상처받는 사랑을 하느니
그냥 이별인 채로 지낼 거라고?

혹시
이별밖에 모르는 거 아냐?
사랑이 뭔지
이별이 뭔지 모르는 거 아냐?

궁금증

밤늦도록 기다린 전화 한통
답답한 마음이 문자 한건을 전송했다.
여전히 신호음 하나 없다.
전화기가 나보다 먼저 잠이 들었다.

새벽이 오려한다.
혼란스럽게도
복잡하게도 얽힌 것은
그대가 자는 건지
내가 싫은 건지
잘 모르겠는 내 마음이다.

궁금하다

그대는 주기만 하고
나는 받을 수 없고
나는 줄 수가 없어
그대는 받을 게 없고
우리 사이에는 아무것도 남은 게 없다.

참 깔끔한 관계
그런데 밀려오는 이 허전함은 뭘까?
그대를 남기고 싶은 욕심은 뭘까?
그대가 바라는 내 마음은 도대체 뭘까?

궁금하다.

말

말이 많다.
생각보다 말이 많으면
버릴 것이 많다.
들을 것이 없다.

생각의 반으로 줄인 말은 달다.
달면 삼키는 법
내 일상에도 스며
살을 찌우고 지혜가 되는 말

길이 되는 말 한마디
새겨듣는 말 한마디가
내 삶의 방향을 가리켜
길이 되기도 한다.

말은
분명 줄여야 할 것이라는 생각...

이런

마흔의 나이 동안
한 번도 입 밖으로 소리 내 말하지 않았던
마흔이 될 때까지 한 번도 필요하지 않았던 단어
몇 시 몇 시 뉴스나
사건 사고에서 들어 보았던 그 단어
요 근래 입에 달고 사는
가! 압! 류!

나쁜 사람들
이기적인 사람들
상식 밖의 세상이라지만
상식이 뭐냐는 사람들
사회성이 다소 떨어지는 가수로서의 삶이
무참히 짓밟힌 느낌
다시는 만나서는 안 될 사람들

가난한 가수의 꿈이 그리 탐나더냐?
이 나쁜 사람들!

세상은 이럴 수도 있는 것이다.
뻔뻔함으로 한수 가르쳐준 사람들이 있었다.

반성문

당신을 믿었던 것은
나의 잘못입니다.
당신을 기다렸던 것은
나의 잘못된 판단입니다.
당신을 이해하는 것은
나는 도저히 할 수 없는 일입니다.

이 모든 것은 저의 욕심으로 인한 것이라
많이 후회하고 있습니다.
당신을 믿었던 것도
당신을 기다렸던 것도
당신을 이해하려던 것도
모두 후회하고 있습니다.

세상은 나로 하여금
믿음의 대가로 반성문을 쓰게 합니다.
믿으면 안 되는 세상이 된 겁니다.
이거 참!

그런 사람이 있다

뻔뻔한 사람들이 있다.
본인의 기다림은 늘 조급하고 불편해 하면서
다른 사람을 늘 기다리게 하는 사람
그런 사람이 있다.

미안하다는 말을 잊고도
너무 당당한 사람
그런 사람이 있다.

그저 가까우니까
편한 사람이니까 라는 것이
그 사람이 내세우는 변명과 편리이다.

욕심 많은 사람
일도 사랑도
좋아하는 것에는 이기적인 욕심을 부리는 사람
그런 사람이 있다.

그런 사람도 있다.

왜 그랬어?

너는 너밖에 모르고
나는 나밖에 모르고
그래서 경제 강국이 되었다 하고
그래서 반 토막 나라가 되었다 하고
그래서 너 죽고 나 살자 하고
그래서 나만 살아 보겠다 하고

그러다 보니
못 살겠다 하고
죽고 싶다 하고

그러다가 결국
정의와 자유와 신뢰와 믿음이
죽어버렸다.

어느 날
한강에 빠져
죽어버렸다.

외침

힘든 이야기를 속으로 삼키고
붉게 달아오른 기분을 감추려고
들이마시는 소주 한 병
세상의 불만도
내 모자란 변명같이 들을까봐
절친의 그대에게도 털어놓지 못한다.
갑갑하고 답답하다.
임금님 귀는 당나귀 귀 마냥
털어놓지 못하는 내 속을
들어 주었으면 하고...
외롭다는 내 하루도
그대가 먼저 물어 보았으면 해서
속으로만!!!

독백

삶이 고단하고
사랑이 아프고
그리움이 길 때
나는 무엇에 연연하고 있는 것인가를 생각한다.

오늘 일기

이러지도 저러지도 못하는 마음이
사랑인 줄 알고
많은 시간이 다툼으로 힘들었다.
세상에 많고 많은 사람 중에
꼭 너여야만 하는 이유는 없는데
그런 줄 알고

힘들게 만날 필요도 없고
싫으면 안 만나면 되는 거라는
냉정한 한마디가 마침표 같았다.
오늘 한숨 같은 기억을 내쉬며 돌아오는 길
바람이 너무 차가웠다.
참 쓸데기 없는 고민 같아도
이 순간이 나는 참 아프다.

감기 몸살같이 더디겠지만
내 상처라는 흔적도 희미할 것이기에
애태우지 말기로 하자.
헤어지는 게 아니라 다른 길을 가는 거니까

창문을 열고
생각과 사랑이라던 시간과 기억과 말들
그 모든 것이 꽁꽁 얼어 버렸으면 좋겠다 싶어
창문을 열어 재낀다.
너무 춥다는 생각이 들더니
그대는 잊어버리겠다는 생각도 뒤로 하고
감기 걱정을 하고 노래할 걱정을 한다.
너무나도 현실적인 무덤덤해진 내 이별이 덧없다.

멀미

그네를 타면
마음부터 멀미가 인다.
그네를 타면
두 손에 너무 힘을 주어 줄을 잡게 된다.
그때 사랑을 놓지 못했을 때처럼

잠깐 그네를 타고 놀다 들어와
몸살을 앓은 적이 있다.
웃음소리로 가득한 놀이터에서
나는 슬픈 눈물을 흘리고 돌아온 날 이후

다시는 흔들리는 마음 같은
그네를 타지 않았다.
헤어졌던 기억을 밀고 당기며
흔들려 멀미나는 일을
다시는 하고 싶지 않았다.
당신과 멀어진 후 다시는 놀이터에 가지 않았다.
놀이터에 그네를 타는 것도 아닌데
나는 멀미가 멎지 않는다.
아직도 그대 기억으로 흔들리고 있는 것이다.
아직도...

아직도

배가 부르면 운동을 하거나
얼마의 시간을 두고 소화를 시킨다.
그러면 다시 배꼽시계가 울리고 허기를 느끼게 된다.

사랑이 부풀어 오를 때
터져버리기 일보직전 참는다.
기다린다.
시간을 보내고 난 후
그런데 사랑은 깨어지고 없다.

많은 것들이 상처 후에
치유의 시간을 거치면 다시 원상복구 되건만
사랑만큼은 그대 마음만큼은
다시 돌아오지 못할 이별로 떠나 버렸다.

내 사랑만 남아 치유 중이다.
잠 못 들면서 상처 내다가 눈물 흘리다가
사흘 밤낮 한번 잠이 들면 깨어나지 못하면서도
한쪽 사랑은 남아 이별로 간 그대를 꿈꾼다.

그대로 인해

불을 끄면 머리가 아프고
불을 켜면 눈이 시리다.
불을 끄면 눈물이 나고
불을 켜면 사랑이 운다.
불을 끄면 시들한 마음
불을 켜면 타들어 가는 기분
황홀한 별빛의 밤에도
불을 켰다 껐다 한다.
별이 될 수 없는 내 기억도
불을 켰다 껐다 한다.
절망 같은 아침이 올 때까지

그대에게

그대를 향해 손을 내밀면
그대는 등을 보인다.
그대를 향한 마음이 찾아 가면
그대는 먼 여행을 떠났다.
그대를 향해 눈길이 가는데
그대는 한눈을 팔더니
그대를 향한 내 눈길을 지나
그대는 다른 사랑의 팔짱을 낀다.
그대를 기다리고픈 시간은 길고
그대는 떠나고 없다.
그대를 잊지 못하고 보내는 하루
그대는 사랑으로 행복한가?

늦은 후회

한곳만 바라보는 게 아니었어
둥근 사랑하라 했는데
한 사람만을 향한 날을 세워
아프도록 찌르는 일 반복해 떠나가게
하는 게 아니었어

가만히 혼자 한곳만 바라보던 인형도
그림자가 드리우면 생각에 잠기지
나는 피가 나도록 고집스럽게
그대 향한 곳만 바라보다가
결국 얼굴을 묻고 쓰러져 울고 말았지

아무도 강요하지 않았는데
나만 혼자 내 고립된 생각 때문에 넘어져서는
쓸쓸히 밤이슬을 맞게 되었다.
취객의 발길에도 닿아 함께 넘어지고 마는 새벽

나의 길을 가며 그대를 바라보는 건데
그대 가는 길목에
내가 가끔씩 손을 잡아 보는 건데
길은 끝이 났고 후회는 이미 늦었다.

한 올

한 올이 풀리는가 싶더니
점점 구멍이 커져서는
결국 스웨터를 못 입게 생겼다.

별것 아닌 오해가 한 올의 실같이
그때 잘 매듭짓지 못하고는
결국 떠나가게 생겼다.

서로 잠시 보고 싶은가 싶더니
서로 잠시 잊고 지내나 싶더니
서로 잠시 다른 사람을 보더니
결국 다시는 못 만나게 생겼다.

얼기설기 짜여 있던
우리 두 사람이 엮은 시간들이
다 풀릴 때까지
그대도 나도 갈팡질팡하였지만
마지막 한 올의 미련까지 풀어내고 나서
다시는 사랑같이 복잡하지 말자며
매듭을 지었다.

이젠 안녕

한 움큼씩 머리가 빠진다.
한 주먹에 온몸이 다 멍이 든 것 같고 내게 절망 같아
한 사랑이 눈물이 철철 나고
한 걸음도 다가 갈 수 없다.
한 사람이 내겐 우주 같았고
한 나절이 일 년같이 길었다.
한 시간만 더 기다렸다면
한 가지는 분명해
한 동안은 못쓰게 될 나의 날들이여
한 마음을 꿈같이 기억하는 사랑들이여
한 없이 그리워 할 마음들이여

자유가 된다

그대를 품고 이별을 품고 있을 땐
나는 그저 실연한 사람들과 같은 일상이었으나
노래가 되는 이별이 있고
이별이 되었던 그대가 머물 곳은 내가 아니니
시가 되어 자유를 찾았던 사랑도 있다.
모든 것을 놓아주는 순간
나도 그대도 자유가 된다.
이별도 사랑도 시가 되고 노래가 된다.

소녀

어릴 적에는 순간이 영원할 것 같을 때가 있었다.
그 기억이 아직도 몸에 배어
어리숙한 사랑하게 하나보다.

소녀는 보이지 않는다.
누가 보아도 아픈 사랑 안고
서른의 길을 지나는
한 여자가 우두커니 내 앞에 있다.
순간이 영원히 아플 것처럼 절망하지만
소녀를 떠올려 보라.

지금 이 순간은 영원하지 않다는 걸 기억해 보라.

더 아파하지 말고
더 주저하지 말고
더 돌아보지 말고
더 소리 내 울지 말고
우두커니 섰지 말고 가던 길 가라.

오늘은 이미 어두웠으니 내일은 꼭 추슬러
너의 갈 길을 가라.

청춘의 덫 그 사랑

푸릇하던 시절
낙엽 되어 떨구지 않으려고
끌어안은 내 서른의 마지막

깊이 멍든 사랑이고 마음같이
어여삐 물들지 못한 이파리
이러지도 저러지도 못하고
가지 끝에 남아 흔들리기만

아름답기만 하라던 청춘을 지나려는
내 서른의 기억들
그 기억들을 밟고 서 있다.
떨구지도 못한 고운 낙엽도 되지 못한
얼룩진 내 서른의 마지막 잎이 진다.

늦은 겨울
가지 끝에서 몸부림치다가
떨어지는 청춘 같던 사랑이여
고운 이별이 되어 다오.
내 서른의 마지막이여..

가을 속

그대 아니면 안 되는 마음
혼자서는 지나기 힘든 가을이 온다.
그 누구도 안 되는 마음
지난 사랑 앞에서 무릎 꿇는 나는
또 가을 앞에 섰다.

우리 사랑은 끝났다.
가을의 끝자락에 걸려 넘어졌었다.
떨리는 어깨를 감싸 안아 주던 마음을
힘들여 붙잡으면 부서져 버리던 사랑

머뭇거리다가 다시 돌아가
매달려 볼 작정인 내 마음 반쪽
사랑은 가을같이 물들고 떨어졌건만
기억들의 겨울은 오지 않는다.

그대를 만나게 되는 계절
일 년이 지나도록
나는 혼자 변하지 않는 가을 속을 걷는다.

봄에도 가을이 왔고
여름은 지나는지도 몰랐다.
우리 기억 속을 걷느라고
겨울이 가는 줄도 모르고
낙엽같이 떨어지는
눈물만 잠시 얼었다가 녹는다.

외출

오래 전 잊지 못한 기억을 따라
할 말이 많던 우리들의 시간이 부른 공원이다.
내가 그대를 기다리던 벤치도 아직 그대로이고
그대가 걷던 숲길도
푸르던 나뭇잎은 떨구어 졌으나
여전히 그 모습이다.
오가는 사람들의 발길과 이야기를
물끄러미 보고 있던 나무들도
나의 행복하던 날들을 기억하고 있을까?
빈 가지는 그저 봄을 기다리느라
미동도 없이 웅크렸지만
푸른 잎이 달린 소나무는
여전히 잔바람에 흔들리고 있다.

그대 기다리며 흔들리던 내 머릿결같이
사랑하던 내 마음이 그랬던 것처럼 흔들린다.
혼자 걷는 공원길엔 미련이 뒤따른다.
자꾸 돌아봐지고 머뭇거리기를 반복하며
어느새 추위를 이겨 낸
하얀 목련의 가지에 꽃 몽우리가 부럽다.
그대와 함께 기다리던 봄인데
그대와 함께 걷던 길인데
그대를 잊고 지냈다던 날들이 저기 앞서 가는데
나는 더 걸어가지 못하고 돌아섰다.
뒷걸음치는 내 사랑은
아직 그대로부터
자유롭지 못한 날들의 연속이었는가 싶다.

바람이 차갑다

가을이 가려는 준비는
부지런하다 못해 바쁘다.
곳곳에 낙엽들이
추억과 함께 날려
스산해지려는 거리
사람들의 표정도 아쉬움이 있어
묵묵히 땅에 떨어진 시선이지만
그리움이 이는 듯이 돌아봐지는 마음

아..
가을이 간다.

아..
가을이 진다.

바람

밤새 부는 바람이 흔드는 것은
내가 아니라 그리움이다.
나를 떠난 사랑과
나를 떠나 간 사람이 남긴
아직 다 사라지지 않은 마음이여
그대 사랑했던 기억이여
밤새 흔들리는 것은
내가 아니라 그대 향해 남은
나의 미련한 마음이다.

창밖에는

세차게 바람이 분다.
둥근 보름달 기다리는 마음도 무색하여라
구름이 둥근달 위에 떠 있다.
우리의 사랑에도 가리우는 이별같이
하늘이 무겁다.

세찬 바람이 구름 지나라고 불어오나본데
무거워만 지는 어둠
어두워만 지는 그리움
짙은 구름이 된다.
낮은 한숨도 따라 부는 바람

깊은 밤
창밖에는 보름의 달을 가리고
세찬 바람이 분다.
덜그덕 덜그덕 창문을 흔들어
내 마음에까지 불어와 잠 못 들게 한다.
지금 창밖에는...

흔들리는 것은

세찬 바람이 두드리는 건
내 방 창문이 아니라
내 마음이었다.
밤새 흔들리는 건
내 방 창문이 아니라
내 기분이었다.
추운 줄도 모르고 드러나
창문을 흔들었던 것은
어쩌면 바람이 아니라
그대였을까..
여전히 흔들리고 있는 건
내 마음 같다.
다 들여다보인 내 사랑 같다.

누구의 그리움일까?

지난 사랑의 기억을 다 내려놓았다.
한마디 말도 남겨 놓지 않고 보냈다.

그대라는 사랑은
더 이상 내게서 찾을 수 없고
그대라는 기억은
저 우주에 흩어 버렸다.

수많은 사람들이 떠나보낸 사랑이 빛나던 밤
아주 멀리서
그리움인가 싶은 별 하나가 빛난다.

누구의 그리움인지
빛나는 별 하나가 있다.
빛나는 그리움 하나가 있다.

별이 빛나는 밤
그리움이 빛나는 밤

달빛은

햇빛은 눈이 부시지만
달빛은 가만히 들여다보면
슬픔이 부시다.
그리움이 부시다.
서서히 차올랐다가
서서히 비워냈다가
그렇게 보고픔을 조절해가며
슬픔으로 눈부시고
그리움으로 눈부시다.
오늘도 얼룩진 눈물 고인 달빛에
나는 눈이 부시다.

집에 가는 길

조용하고 어둠이 보듬은 길 위로
별들이 쏟아져 내린 듯
어둔 밤길을 장식한 불빛들의 잔치
별빛보다 가까워 하늘을 지나는 기분
가로등 불빛들은 사방으로 흩어져
눈부시다가 황홀하다.

다가가면 갈수록
저 멀리 강변 끝의 희미한 작은 불빛 가로등이
점점 더 구애를 한다.
아치 모양의 다리 위에도
그 아래 물 위에도 떠다니며
사랑하고픈 흔들림으로 눈길을 부른다.

내가 지나는 길옆으로 별들의 잔치가 멋진 새벽
고단하여도 느슨한 여유로 집에 가는 길
별들에게 내 그리움을 맘껏 달아 놓고 있다.

강변북로를 타고 늦은 밤 아름다운 동행하는
별빛 불빛 깨어 있다면 무엇이든 별들에게 물어보시길
그러면 빛나는 해답을 줄 수도 있으니까.

부탁해

나 있잖아
길눈이 어두워서
잘 잃어버려

길도
사랑도
시간도
때와 장소도

부탁해
그대니까

나니까
부탁할게

있잖아...

내가 이별일 때
달은 조금 줄어 있었어.
내 맘같이 깊이깊이
파고들어 공허하더니
아무것도 남기지 않고 사라지려 했어
실눈 뜨고 잠 못 이루는 나처럼 비어만 갔지

희미하더니만 어느 날
조금씩 다시 차오르는 거야
달도 나도..

시간은 그렇게 하늘을 자주 들여다보게 했고
조금씩 빛을 발하기 시작했어.
달도 나도..

어느 어두운 밤엔

대낮같이 밝은 달이 떠 있는 거야

내 모습을 비추는데

환한 미소가 지어 지는 거 있지

내 사랑의 상처에도 새살이 차올랐던 거야

달도 나처럼 사랑에 빠졌었나봐

다시 이별이어도

달처럼 차오를 거야

달처럼 어둔 밤하늘을 비추고 싶어

달처럼 사랑하고 싶어

그대

그대는 별이 되어 있다.
힘든 마음이 방안에 숨어
빛을 잃어도 사랑에 닿을 수 없음이 슬프다.

오늘 낮엔 눈물로
사랑하는 마음에 젖어 들기도 했다.
조금만 더 가까이고 싶은 기도
빛나는 사랑이고 싶은 바람이
달빛의 위로를 품은 날도 있다.

창문이 열리지 않아도
달빛은 그대 어루만지고
그대 상처를 보듬으려고 애쓰는 달빛

날이 밝아도 별이 되어
빛을 다 잃은 별이 되어
그대 하루의 어디쯤인지
아픔으로 비어 가고 있다.

안쓰러워 대낮에도 지지 못하는
반쪽의 달에 기댄 그대의 슬픔
얼굴을 파묻고 흘리는 슬픔
오늘 밤에는
오늘 밤에는
달처럼 다 비워 내었으면
그대의 용기가 다음날에는
달처럼 다시 차올랐으면

모두 잠든 밤

바람이 세차게도 불어 대더니
저 건너 산더미 같은 아파트 너머
보름달이 내 방 창가로 왔다.
아무도 저 달을 보는 이 없다.
구름을 보내고 드러낸 달빛에 황홀한 밤
잠은 오지 않았으나
꿈속의 밤에 누워 있다.
이대로 나만의 달빛과 시간아 멈추어라.
차오를 대로 차오른 내 미련이 달빛에 무색하도록
다시 빠져나갈 내 사랑같이
비워져 갈 달빛의 사랑도 슬픔이 있을까...
고층 아파트 끝자락을 지나는 보름의 달이
잠시 머뭇거리다가
나를 어루만지다가
나를 위로하다가 작아진다.

고층 아파트의 지붕 끝이 달을 베어 버렸다.
내 슬픔도 잘라내 버리라 한다.
새벽을 지나가다가
내 눈물까지 안고 얼룩져 사라진 달
지다던 세찬 바람도 잠시
시커멓던 구름이 걷히고 잠시
나를 품에 안아준 저 보름의 달빛
치유의 달빛
내 소원을 달라기에 선뜻 내주었다.
모두 잠든 한밤에...

그림자

달빛이 내어주는 길을 가본 사람은 안다.
때로 뒤서거니 하다가
끌어안았다가
빠른 걸음을 재촉하기도
나를 이끄는 내 긴 그림자

변하지 않는 것이 뭔지
외로움이 뭔지
달빛에 걸음을 떼어 본 사람은 안다.
제 심장소리까지 들으며
밤길에 서 있던 사람은 안다.
그래서 달이 뜨지 않는 밤
더 외로워진다.

외로워 그림자라도 만나야 하는 사람은 안다.
사랑이 뭔지
그리움이 뭔지
달빛에 주저앉아 하염없이 눈물 흘린 기억은 안다.
내가 얼마나 외로운 사람이었는지를

그래서 하늘을 본다.
밤마다 내 그림자를 불러 하늘을 본다.
외로워 달빛에 길을 물어 본 사람만이
밤하늘의 별들과도 벗이 되는 것을 안다.

달빛도 별빛도 외로우면
내 그림자를 부르는 것도 나는 안다.

모르겠다

늦은 밤 잠 못 들어 생각난다고 하여
드라마나 대중음악 노랫말이 내 얘기 같다고 하여
문득 문득 떠올라 눈물 고인다 하여
그리운 것이라 할 수 있을까?

사랑했다고 하여
그 집 앞을 서성인다고 하여
밤새 술을 마시고 잊고 싶었다 하여
그리워 그러는 것이라 할 수 있을까?

사계절이 다 지나도록
떠난 그대를 곁에 두고 있는 나는
그리움이 뭔지 모른다.
그저 방황 같은 흔들림이 그것이라면
그리움이란 아무리 생각해도 아름답지 않은 것이다.

미워서 잊혀 지지 않은 지난 사랑도 있다.
발가락에 작은 가시를 뽑지 못해
퉁퉁 부은 발로 하루를 걷는 나처럼
너무 힘들어서 못 잊는 이별도 있다.
그렇게라도 붙들고 있는 기억은 그리움의 저편이다.
희미해질 기억은 그리움의 대상이 아니다.
그립다는 것은 사라져버릴 그대가 아니라
사랑했던 우리이기에 아직도 나는
그대로 인한 그리움이 뭔지 모른다.

내 사랑은 아직 끝나지 않았기에...

별빛

어제처럼 사랑이 빛난다.
그 마음이 떠나지 못하고 머문 자리
끝내 그대를 만나지 못한 마음들의 방황
아름다움은 끝났어도
그리워 사라질 수 없는
미련들이 모여 빛나는 밤

그대 집 앞에 떨어지는
내 그리움의 별 하나
오늘 낮엔 비가 되고 싶어
구름 뒤에 머물다가
깊은 밤 별빛으로 빛을 내다가
끝내 그대 곁에 잠들고 싶어 추락하는 새벽

저 멀리 떨어져 나간
그대 마음 조각들같이
희미해 사라질 만도 한데
날이 새기 전에 꼭 한번 보고 싶은 내 마음은
밤새도록 그대뿐이다.
온통 그대 생각뿐인 마음이 떨어진다.

그대 깊은 나

그대로 인해 나는 우뚝 서 있다.

흔들리지 말라고
내 안에 깊은 그대가
세상에 흔들리지 말라고
더 깊은 뿌리를 내렸다.

사랑으로 나를 지키는 그대
나는 그 사랑으로 인해 두 팔을 벌린다.
많은 것을 품어 그대에게 전해 주고파
마음을 다 열어 세상을 맞는다.

그대가 깊은 나는 두려움을 모른다.
그대가 깊은 나는 흔들리지 않는다.
그대가 깊은 나는 헤어짐을 모른다.

너에게 나는

꽃잎이었다.
빛깔 고운 선홍의 꽃잎
봄이 다 가지 않도록 붙들고 있는 그대에게
나는 꽃잎이었다.

떨구지 마라
시들지 마라
내 사랑으로 피었으니 지지 마라
그대에게 나는 꽃잎 되었다.

아무도 모르게
그대가 품고 싶은 선홍의 꽃잎이 지던 날
바람이 어찌나 세게 불던지
그대까지 흔들려 비틀거리던 봄날
손끝의 인사가 마지막이 되던 날
쓰러진 그대 머리 위로
날리는 꽃잎이 눈물을 흘리던 날

봄날은 가고 말았다.
봄날은 지고 말았다.

"그리움이 지지 않는 한
사랑은 계속되는 것이다."

노래가 되어

#.1st album 〈soon〉

주사위

던져진 세상 속에 살아봐
알 수도 없는 길에 놓여봐
단 한번 사랑 속에도 빠져봐
던져진 주사위처럼

돌아가는 내 모습
차마 볼 수가 없어
그래도 난 어느 면에서든
달라진 내 모습으로

살아가야 하는 거야 숨이 막혀 힘들어도
포기할 수 없는 거야 내 자신의 중심을

부족한 사랑

변하지 않았었니
다른 사람도 만나 사랑할
그 긴 시간을 넌 포기한 채 날 그대로 기다려왔니

어쩜 너의 마음은
하나도 잊지 않은 채로 날
그 긴 시간을 외로움에 지쳐 나만을 기다려 왔니

나 어떻게 너를 사랑해
나의 사랑은 네게 부족한 짐이 될 뿐이야
얼마나 많은 시간이
널 잡아 그렇게도 아픔만 가지라고 했나

가겠소

걸어 걸어가다 보면 한줄 바람이라도 와
나의 이름 부르며 외로움 달래 주려마

세상 끝까지 까지 걸어서 갈 수 없다면
나의 꿈을 실어서 바람에게라도 주려마

이봐요 혼자 가지 말고
나와 함께 가겠소

가겠소 가겠소
나와 같이 가겠소

희망을(사랑을) 찾아서
나와 함께 가겠소

가겠소 가겠소
우리 걸어 가겠소

사랑의 노래

찬란하게 빛나는 거리를 걸었으면 싶네
사과나무 한 그루까지도 꿈을 담아

어느 계절 언제나 웃을 수 있는 사람들만
모여 살고 싶어라 친구들 자유롭게

라랄라라라 부르며 라랄라라라 노래를
라랄라라라 부르며 라랄라라라 사랑의 노래를

하늘 위를 나는 새들의 날개 짓을 달고
그대 위해 부르는 이 노래 꿈을 담아

하루해가 저물어 가는 곳 저 언덕을 넘어
모두 함께 부르는 이 노래 자유롭게

라랄라라라 부르며 라랄라라라 노래를
라랄라라라 부르며 라랄라라라 사랑의 노래를
라랄라라라 부르며 라랄라라라 라랄라

시작

버릴 수가 없어
이제 내 모든 걸
잃어버렸다던 단 한번 기회라고
나에게 이 순간은

놓칠 수가 없어
이게 내 마지막 꿈인 걸

영원히 변하지 않는
시작과 끝이 되어 줄
내 남은 시간
다 주어도 좋을 사람 그대와

사랑할 수만 있다면
그대와 함께 있다면
내 남은 시간
다 주어도 좋을 사람 그대와

바람아

바람이 내게 불어와 그 싸늘했던 바람이
눈부시도록 아름답던 그 꽃들이 바람에 날려

세월이 가고 오는 길 그 길 따라 나도 함께
머나먼 길을 헤매 오다 이제야 바람을 만나

바람아 바람아 나를 실어갈 수 있을까
불어와 불어와 나를 친구로 받아줘

바람아 바람아 나를 묻어갈 수 있을까
불어와 불어와 나를 그 속에 안아줘

바람아 바람아 나를 실어갈 수 있을까
불어와 불어와 나를 친구로 받아줘

그대에게

그대 떠난다는 그 말 한마디가
가슴 속에 남아 울고 있는데

시간이 약이라는 잊혀진 그 말 뒤에
그리움만 가득 안고 네게 남아 있네

그대 돌아와요 다시 내게로
우리에겐 상관없는 그런 얘기처럼

사랑해 사랑해 난 아직 그대를
이 순간을 영원히 후회하지 않아

마지막 한마디 그대에게 묻는다면
다시 남처럼 떠날 수 있는지

다시 남처럼 보낼 수 있는지

떠나려 해

시간이 가면 또 잊혀 지려나
멀리서 바라만 봤던 그 모습

나에겐 다가 올 내일이 있어
모든 걸 뒤로 인정해 두려해

너를 만나서 참 좋았었다고
이렇게 멀어져 미안하다고

서로를 위해 더 잘 된 거라고
모든 걸 뒤로 정리해 두려해

무지한(잔인한) 나의 모습이 싫어져
갈 곳을 찾아 나 헤매기 위해

떠나려해 난 떠나려해 나를 찾아 나를 찾아
떠나려해 난 떠나려해 나를 찾아 나를 찾아

다시 회상

마지막인가 이제 떠나가면
끝내 못 다 이뤄 다친
쓴 과거일 수밖에

잊으려 했나 지난 모든 일들
끝내 다 잊을 수 없는
아픈 상처로 남아

몇 밤이 날 빌어
하얗게 바래졌는지
소중한 사람 다시 버릴 수 없어서

그렇게 돌아 보면은
늘 같은 자리 늘 같은 생각 속에 날 가둬놓고

지쳐 나 지쳐 떠나갈래

이별 뒤에 서서

토라져 돌아 앉았네
눈물을 흘리네

무엇이 둘 사이를
멀게 했을까

일어나 바라보네
쓴웃음을 주네

발길을 돌리네

어디로 가는가 이별을 안고
낯선 사람들처럼
사라져 버렸네
사랑의 마지막을 남기고

어디로 가는가 눈물을 흘리며
사라져 버렸네 다른 사랑을 찾아 떠나네

눈물이나

추워 날개가 얼어붙어서
날지도 못하는 날에는

멀리 멀리 날고 싶다는 꿈
바람 아무도 막아주지 않네

그 시리도록 찬 바람을

외롭게 혼자 서 있네

눈물이나
하염없이 눈물이나

눈물이나
얼어붙은 눈물이나

마음속에 눈물이 나네

꽃이 지기까지

보면 볼수록
아름다운 너였기에 난

그 숨 가쁜 너의 향기
느낄 수가 없었나봐

이제 너에게
용서를 빌어야 겠어

그동안 미안해...

얼마나 힘들었을까
꽃과 가지만 남아
잎을 떨구어 낼 때까지

꽃이 지기 까지...

#. 2nd album
〈나의 노래는 그대에게 가는 길입니다〉

비가 그치면

이 비가 그치면 내게 오나요 그대
활짝 웃고 있는 얼굴로
나를 부르며 음~

사랑의 시작일까
이 비가 그치면 그대를 만나게 되면
기다림은 끝이죠

사랑이죠
내 맘은 그대에게로 가는
반가운 내 삶의 고마운 선물이죠

난 기다려요
그대를 그 이름을 부르며
지금 난 행복하면 되요
하늘이 웃고 있죠

바람이 분다

가슴 속까지 바람이 분다
살랑 바람이다가
어느새 내 몸을 흔든다

하늘이 낮게 내려와 운다
잠시 흔들리다가
어느새 소리 내어 운다

지나가는 사람아
나를 한번만이라도 안아서
쉬게 해 줄 수는 없는가
어이해 아무도 없는가

아! 슬픈 꿈이여
깨어나지도 못할 나의 꿈이여
아! 나의 바램은
지나가버린 바람 속에

울지 말아요

울지 말아요
울지 말아요
내 맘이 더 아파요
사랑해선 안 될 사람을

두 길에 서 있네 나의 마음은
미안하단 말 못하고 그렇게 서 있네

아무 말도 없이 내 마음을 흔들고
돌아서야 하는 그대

울지 말아요 울지 말아요
내내 슬퍼 마요 사랑해선 안될 사람을

잊진 말아요
잊진 말아요
내 맘이 더 아파요
사랑은 그대가 가져갔으니까

사랑이 아니야 미안하지만
돌아갈 수는 없으니
이제 날 잊어요

아무 말도 없이 내 마음을 흔들고
돌아서야 하는 그대

울지 말아요 울지 말아요
내내 슬퍼 마요
사랑해선 안될 사람을

잊진 말아요 잊진 말아요
내 맘이 더 아파요
사랑은 그대가 가져갔으니까

울지 말아요 울지 말아요
울지 말아요 울지 말아요

제발

힘이 들 땐 나를 돌아봐
망설이지 말고 기대어

울고 싶었지 나도 너처럼
다시 나를 돌아봐줘

사랑이야 힘든 사랑이야
세상이야 힘든 세상이야

미워하지 마 원망하지 마
너를 위해 기도할게

아무 말도 못해
한숨 속에 눈물 흘릴 뿐이지

뒤돌아 가지마
제발 가지 말아줘
제발

그러던 어느 날

변하지 않아 좋았지 사랑이라는 건
힘이 들었을 때에도 그대가 있었으니

그러나 어느 날 사랑은 갔어
아무런 말도 없이 아주 멀리

시간이 가고 그대도 갔어
나만 혼자 남았어

흔하지 않아 좋았지 그대와 만남은
이별에 아팠을 때에도 내 곁에 있었으니

그러나 어느 날 사랑은 갔어
아무런 말도 없이 아주 멀리

시간이 가고 그대도 갔어
나만 혼자 남았어

그러던 어느 날 사랑이 왔어
믿을 수가 없지만

그래 그렇게

내 영혼이 잠들어 있을 때
너를 생각해
지나온 발걸음마다
세상의 무게가

나를 힘들게 할 때에도
너를 생각해
변하지 않는 건 없겠지
내 꿈도 변하니까

그래 그렇게 가슴은 무너져가고
물이 흐르듯이
시간이 흘러가겠지만

그래 그렇게 절망의 끝에서도
노래를 부르면
마음이 벅차오를 거야
그래 그렇게

마지막 편지

내가 살아오면서
붙들고 싶었던 한 가지
그대가 내 곁에 있었으므로
나는 행복했었지

이제 나는 가야해
남아 있는 그댈 두고
소중한 내 사랑 간직함으로
부디 행복해주오

슬픈 얼굴 하지 말아요
내 기억 속에
영원히 남아 있으면 안돼요
눈물을 보이지 말아요

우리 다시 만나서
사랑해요 못다한 사랑을

부디 잊지 말아요 그대와의 만남을
부디 잊진 말아요 그대와의 만남을

흐르는 음악 소리

흐르는 음악 소리
나를 달래며 또 사라져 가고 있네

멈췄던 시간이 내게 더 다가와
빗물같이 흐르고 있네

흐르는 비마저 날
나를 슬프게 더 슬프게 하고 있네

갈라진 내 가슴 속에 더 다가와
눈물같이 흐르고 있네

얼마나 더 내게 머물러
아픔이고 싶어

얼마나 더 나를 힘들게
그렇게 그렇게 내 속에 남아

그대와 내가

하늘과 땅이 그렇듯
꽃과 나비가 또 그렇듯

세상에 있는 모든 것들이
다 저마다 짝을 이루고

해와 달이 그렇듯
낮과 밤이 또 그렇듯

많기도 많은 사람들 속에
그대와 내가 있네

그대와 내가 그대와 내가
짝을 이루고 있네

내가 그대가 넘치고 많음 속에서
우리 함께 모여 짝을 이루고 있네

내가 그대가 세상에 있어 내일이 있는 걸
함께 모여 짝을 이루고 있네

꿈을 위해

소리 질러 보는 거야
세상을 향해

희망을 노래할 거야
꿈을 위해

별들은 지쳐 가고
빛을 잃어

밤하늘엔 점점
어둠이 내려

하늘도 빛을 잃어
어둠이 와

이 세상은 점점 시들어 가는데

눈을 들어 보는 거야 하늘을 향해

희망을 노래할 거야 꿈을 위해

이제는

난 사랑을 몰라요
그대 떠나간 뒤로
계절이 바뀌어도
사랑할 줄 몰라요
그대가 남긴 상처 때문에

난 아직도 아파요
그대 한마디 말로
내게 준 상처들이 너무나도 아파서
사랑은 할 수 없어요

사랑이 아파요
그대가 떠난 뒤
말로 다 할 수 없는 사랑이

이제는 떠나요 이제는 가줘요
그 기억 속에 살 수 없으니

가슴이 무너져 내리고
사랑이 무너져 내리기 전에

if 내게...

변치 않는 사랑의 힘으로
너를 지켜주렴

볼 수 없는 아픔을 참으며
하루를 보낸 너

단 한번이라도
나를 찾아왔다면

힘겨운 너의 맘
털어놨다면
말해줬다면
보여줬다면

널 그대로 보내지 않았을 텐데

말해줬다면
보여줬다면

희망이 사라지기 전에

아버지

내 그리움이 닿지 않는 곳에는
항상 그대가 있었네
미움인지 더 진한 사랑인지도 모르는 맘

내 기다림을 알고 있나요
항상 그대를 기다리는 맘
내가 있어 그대가 행복한지 궁금합니다

아버지 내 아버지
그 이름을 부르고 싶어

내가 당신께 무엇인지도
알고 싶어 부르는 맘

아버지 내 아버지
그 사랑을 부르고 싶어
사랑합니다
이런 마음들은 눈물이 되어 갑니다

사랑하고 싶다

세상은 나를 품에 안고
돌고 돌아가네
춤을 추며 가네

아이야 숨을 쉬어보렴
달아나지 말고 힘차게

사랑하고 싶다
사랑받고 싶다

슬픔이 나의 손을 잡고
흘러 흘러 가네
시간 따라 가네

아이야 노래 불러보렴
돌아서지 말고 더 크게

사랑하고 싶다
사랑받고 싶다

그대 먼저
손 내밀어 준다면
그 뒤에
내가 손을 잡아 줄게 아이야

사랑하고 싶다
사랑받고 싶다
사랑하고 싶다
사랑받고 싶다

#.3rd album 〈사람아 사람아〉

사람아 사람아

별을 사랑한
사람아 사람아

이루지 못할
사랑을 사랑을

아쉬워 하지 말아라 작은 사람아
너를 지키고 있으니

어둠은 가고
사라진 사람아

보이지 않는
사랑을 사랑을

너무 슬퍼하지 마라 나의 사람아
너를 비추고 있으니

하늘은 나의 꿈
땅은 너의 생명이잖니
그렇게 서로 마주 보고 있잖니

닿을 수 없지만
영원히 함께 하면서
사랑해
더욱 사랑하자

그대와 함께라면

어디까지 오고 있는지
나의 전화를 받으면
그댄 하루가 너무 긴 것 같아
많이 보고 싶어서

언제나 날 기다리는 맘
두근거림으로 좋아
행복해 하면서 웃고 있다고

늘 사랑한단 말로는
내게 너무 부족하다고
이 세상 어디라도 늘 함께라면

두렵지 않아 영원히
우리 둘이 좋은 사랑으로
행복해요 그대와 함께라면

알고 있죠 그대 나에게
소중한 사랑이란 걸
기억할 게요 우리 마주보며 웃고 있잖아요

언제나 그대 어깨를 비워
내가 쉴 수 있다는 걸
나는 알고 있죠 믿을 수 있죠

힘들 때마다 따뜻한
웃음으로 나를 반겨주는
그대와 함께라면 나도 좋아요

변하지 않아 영원히
우리 둘이 좋은 사랑으로
고마워요 그대와 함께라면

또 알고 있죠
우리 어려운 시간들 있다는 걸
이해하고 감싸며 살아요

나를 봐

나를 봐
힘든 세상에 지쳐 울고 있는 나를 봐

나를 봐
미친 사랑에도 웃고 있는 나를 봐

너를 봐
목마름은 잠시뿐이란 걸 알잖아
너를 봐
웃어 넘겨버려 그렇게 또 힘을 내

안 된다는 말도 두려운 맘도
모두 잊어버리고
돌아보지 말고 울지도 말고
눈을 떠 나를 봐

바보 같은 나를 봐 나를 봐
울고 있는 나를 봐 나를 봐

나를 봐
아무것도 가질 수 없는 나를 나를 봐
나를 봐
믿고 싶었지만 또 다른 나를 나를 봐

너를 봐
웃고 있지만 또 울고 있는 내 모습
너를 봐
쓰러지지 말고 그렇게 또 힘을 내

안 된다는 말도 두려운 맘도
모두 잊어버리고
돌아보지 말고 울지도 말고
눈을 떠 나를 봐

바보 같은 나를 봐 나를 봐
울고 있는 너를 봐 너를 봐

원

처음 만났을 때
그땐 아무것도 알지 못했지

그저 우연인 듯 운명인 듯 했어
언젠가 또 그랬듯

하지만 이제 우리
서로 상처뿐인 그런 만남을
두고 돌아섰지
미안해하면서 모두 잊으라 했지

사랑은 힘들어
그대 떠나간 자리에
또 누굴 만나 행복할 수 있을까

사랑인 듯 했어 내 사람인 줄 알았어
미안하다 정말 미안하단
말들 대신 사랑을 원해

잊어야 하는 우리
더는 안 된다는 마지막 인사
많이 아파했지 후회하겠지만
헤어지기로 하자

이별은 힘들어
그대 떠나간 자리에
또 누굴 만나 행복할 수 있을까

사랑인 듯 했어
내 사람인 줄 알았어
미안하다 정말 미안하단
말들 대신 사랑을 원해

2006년 1월 9일

어디로 보내야 할까
내 맘 같은 저 눈꽃송이

하나 하나가 사랑이라면 그대에게로

보내는 마음을 알까
더 깊은 곳 더 깊은 사랑

그때 그 이별만 아니라면 다시 너에게

가고 싶어 다 주고 싶어
널 알고 있을 때 그때로

미련하게 보낸 사람이기에
그리워 또 아쉬워

기다릴까 날 기다릴까
그대도 나처럼 힘들까

아니라면 누굴 만난 게 아니라면
나 돌아가고 싶은데...

my love my sweet

푸른 하늘같은 그대는 내게 꿈을 주고
그대 향한 나의 사랑은 항상 웃고 있죠
누구보다 행복할 거야
함께 하는 우리 바람에 가끔 흔들려도
변하지 않을 거야

my love my sweet
그대 가는 길에서 우리 사랑 보셨나요
my love my sweet
약속하기로 해요 그대와 나의 사랑을

내게 힘이 됐던 그대를 마주 보고 있네요
수없이 많은 사람 중에 이제야 깨달아요

my love my sweet
그대 가는 길에서 우리 사랑 보셨나요
my love my sweet
약속하기로 해요 그대와 나의 사랑을

그대는 나의 사랑 꿈을 주는 사람
행복한 두 눈 속에 우리 사랑만이 영원히

#.4th album 〈노래가 된 이야기〉

봄이 온단다

고운 바람이 불어와 내 눈을
간지럽히고 지나간다
눈부시게 소식 기다리다 만난 그대와

봄이 온단다 그 향기로운 말
눈을 감으니 더 반가웁다
고운 마음 벌써 달려 나가 활짝 피어나 준비한다

봄비가 와도 좋겠네
우리 비를 맞고 걸어보는 추억이게
해가 나도 좋겠네
우리 눈부시게 아름다운 꿈을 꿀 테니
아름다웁게 더욱 아름다웁게 마음의 봄이 온단다

고운 새소리 저 시냇물 소리

노래 부르면서 흘러간다

구름 뒤에 숨은 산들바람 타고 무지개 꿈을 꾼다

봄비가 와도 좋겠네

우리 비를 맞고 걸어보는 추억이게

해가 나도 좋겠네

우리 눈부시게 아름다운 꿈을 꿀 테니

아름다웁게 더욱 아름다웁게

마음의 봄이 온단다

노래 부르며 그대 나를 부르며

마음의 봄이 온단다

그리운 바람이 나를 불러

그리운 이름 그 아름다운 맘
사랑으로 다 알 수 없기에
허전함 달래려고 떠나는 이 길이
무거워 힘겨워 내게는

하지만 다시 떠나려는 맘
아무것도 남은 게 없기에
오늘을 살아가는 용기가 필요해
그대가 살아갈 이유로

낯선 거리를 걷고
낯선 사람을 지나
반가운 나를 만나고 헤어지는 하루가
다시 눈앞에 있는데

어쩌면 그리운 바람이 나를 불러
훨훨 날아오르니
다시 하늘을 날아오른 새처럼
나는 날아올라

비상

보다 멀리 보는 하늘을 날으고
보다 나은 하루를 살아가지만
너무 많은 것을 가지고 사는 건 힘들어

사랑해도 외롭다는 건 남아서
아주 깊고 깊은 곳으로 떨어져
이제 다시는 날으지 못 할 거야 다시는

아주 멀리 가고픈 꿈들
아주 다른 세상을 향해
떠나가 날아가 더 높이 더 멀리

더 이상은 평범하게
살아가는 내가 싫어
두려움도 아름답게 길들여 가는 거야

포기할 수 없는 거야 멋지고 아름다운 날
세상에 단 하나밖에 없는 내 삶을

랄라라라라라랄 라라라라라

사랑하지만

내가 그대를 못 잊는 이유
작은 것 하나까지 담은 이유
말할 순 없지만 그때 일을
내 작은 소망이 이뤄지던 날

사랑한다는 그 말을 듣고
내 모든 꿈들은 날개를 달고
그대와 둘이 꿈을 꿨지
내 사랑이 이대로 영원하길

하루는 그대를 잘 몰라 실수한 말이
그대에겐 상처를 내겐 이별을 주었지

어떻게 사랑을 한다 그 말을 했어
작은 오해도 지나쳐 가지 못하고

어떻게 영원하자는 약속을 했어
그대를 사랑하지만 사랑하지만 힘이 든다

처음엔 그댈 몰라서 힘이 들었어
시간이 지나갈수록 멀어지는 걸

이제와 생각해 보니 병이 들었어
그대를 사랑할수록 미워할수록 힘이 든다

우리 두 사람

때론 지나쳐가는 사람도 있지
할 말이 많았지만 다 하지 못하고

어색한 표정 되풀이하지
우린 서로 사랑하잖아 정말 좋아하잖아

이제 난 어떻게 살아가
혼자라는 사실이 너무나 힘들어
지워져가고 잊혀지는 일
우린 다시 만날 수 없는 남이 되는 거잖아

사랑해 그 마음을 다 알고 있지만
우린 돌아서야만 해
어떻게 가슴 한구석이 무너지는 일
우린 할 수 있을까 돌아 설 수 있을까

널 사랑해 말 못하는 내가
너무 답답하기도 해
오늘이 지나가면 잊혀지는 너
널 사랑하는 나

이제 다시는 만나지는 일
다시 사랑한다고 고백하는 더 바보 같은 일
언제든 또 어디에서도
다시 만나지 말아야 하는 우리 두 사람

사랑하게 해줘요

이해할 수 있을까 높다란 하늘만 바라보네
눈물이 날까봐 사랑이 울까봐
다시 볼 수 있을까
하고 싶었던 말 떠올리네
다 하지 못해도 말하고 싶던 말

사랑해 그댈 너무 사랑했어요
돌아보면 아쉬운 그날들을
생각하기만 수백 번 수만 번 하고
그댈 떠나보내고 왔어

아 아름다웠던 사람
그대를 못 잊어 잊을 수 없어요
아 꿈같이 다시 만나 그대를 사랑하게 해줘요

아 아름다웠던 사람
그대를 못 잊어 잊을 수 없어요
아 꿈같이 다시 만나
그대를 사랑하게 해줘요

회상

길을 가다가 또 걷다가 멈추는 발
멀어지는 맘 꺼지는 불빛들

희미하구나 덧없는 날 꿈이었나
지나가는 건 사라진 건 잊혀 진다

기다리는 건 아름다울 약속인가
다시 멀어질 기약 없는 만남인가

눈물에 사라진 흘러내린 내 사랑아
아득하구나 미련 없이 사라진 날

가벼운 바람 나를 흔들고
무거운 맘이 나를 깨우는

이슬에 젖은 어두운 밤이 지나면
날이 가듯이 새로운 달빛도

희미하구나 덧없는 꿈이었나
지나가는 건 사라진 건 잊혀진다

다시 힘을 내어라

다시 힘을 내어라
나의 손을 잡아라
뒤돌아보지 말고 나아가야지

푸른 나무들도
등을 미는 바람도
너를 위한 몸부림에 힘겹다

삶에 지치면
길을 잃고 지치면
친구가 되어 줄 그댈 만나 기대어
걸어 가보자 올라 가보자

다시 힘을 내어라
나의 손을 잡아라
뒤돌아보지 말고 나아가야지

푸른 나무들도
등을 미는 바람도
너를 위한 몸부림에 힘겹다

손을 내밀면
나의 손을 잡으면
아픔은 사라져 누구든지 사랑해
걸어 가보자 올라 가보자

다시 힘을 내어라
나의 손을 잡아라
뒤돌아보지 말고 나아가야지

푸른 나무들도
등을 미는 바람도
너를 위한 몸부림에 힘겹다

마다가스카르 사람들

나를 부르는 그 바람을 따라갔던 그곳은
시간을 넘어 오래 전 그대로
나 반가워 웃음 주는 사람들

내 눈을 보며 마음을 열고
사랑 한가득 모두 가져가 그대를 위해
온 세상을 위해 전해주라는 사람들

파란 하늘을 닮은 사람들
그리움을 가져가 더 행복하다는 사람들
맑은 미소를 담은 사람들
손을 내밀고 두 눈을 감으면

나는 사랑의 날개 달고 바다를 건너
그대를 꿈꾸는 날 다시 떠나고 기다리네
아름다운 날 기다리네

사랑 한 모금 그대를 위해 주고 싶은 맘
하늘을 날아가면 다시 떠나고 기다리네
아름다운 날 기다리네

그대 나를

이 밤이 지나가면 잊혀질까
기억 속에 새겨진 시간들이 말 못하는 그리움
돌아보지 않으려 눈물로 참아내는 밤

술이라도 마시면 잊혀질까
더욱 짙어져가는 목소리가
그대 나를 부르면 다시 나를 부르면
행복해 눈물이 날까

내 목소리 들나요 그대 내 마음을 아나요 그대
그 손이 따뜻해 놓고 싶지 않았어
그 사랑했던 마음을

그댄 알고 있나요 나를 그댄 사랑했나요 나를
날 사랑했다면 나를 사랑했다면
제발 떠나지 말아요

그댄 알고 있나요 나를 그댄 사랑했나요 나를
날 사랑했다면 나를 사랑했다면
제발 떠나지 말아요

우린 너무나 달라

아직도 그대를 못 잊고
많은 날들이 갔어도

뜬구름 같은 기억이
내게는 전부였을 때

그 날들은 가고 없지만
기억들은 너무 짙어

타들어 가는 깊은 밤
그댈 꿈속에서라도
만날 수 있었으면 하고 나는 기다려

사랑 그대로를 떠올리다가
문득 그대가 내게 했던 말
우린 너무나 달라

그 아름다웠던 시간도
잊지 못할 그 하루도 그림자처럼 작아져
빛을 잃고 헤매일 때

떠날 수 있었으면 하고 나는 후회해
이별 그 한마디 지워버리고
사랑 우리가 주고받던 말
우린 너무나 달라

사랑이 아니라고 하면 나는 좋겠다
혼자라는 것이 나는 좋겠다
우리 서로 다 간절했던 말
우린 너무나 같아

우린 너무 똑같아

우린 너무나 달라
우린 너무나 달라

가을은 참 예쁘다

가을은 참 예쁘다
하루하루가 코스모스 바람을
친구라고 부르네

가을은 참 예쁘다
파란 하늘이 너도나도 하늘에
구름같이 흐르네

조각조각 흰 구름도 나를 반가와
새하얀 미소 짓고
그 소식 전해 줄 한가로운
그대 얼굴은 해바라기

나는 가을이 좋다
낙엽 밟으니 사랑하는 사람들
단풍같이 물들어

가을은 참 예쁘다
하루하루가 코스모스 바람을
친구라고 부르네

그대가

더 멀어지네 사랑이 널 볼 수 없게 눈물만 고여
다가가 손 내밀면 그댄 벌써 가고 없는데

돌아다본 그대가
내 사랑인 그대가
한번만 꼭 한번만 사랑했던 그대로 날 본다면

헤어진 아픔도 가끔은
사랑이란 기억으로 남아서
우리의 추억을 더 아름답게 할 수 있을 거라고

그대가 사랑을 버리면
그대가 또 나를 버리면
어떻게 살아야 해 그대를 떠나서
그댈 바라보는 날 떠나서

다시 또 나 눈물 흘리면
다시 또 내 가슴 울리면 견딜 수 없을 거야
그대는 떠나서
그댈 바라보는 날 떠나서…

엄마 나를 지켜 준 이름

마르지 않는 그 사랑으로 내게 남아 있는
그 말 한마디 그 눈길 한번은 모두 나를 위한 것

하지만 기대지 않았어
내 몫이 아니라고
손을 뿌리치며 돌아섰지 난

변치 않는 그 마음으로 날 이해해준 건
나 사랑해서 나 잘되라고
믿는 마음일 텐데

하지만 난 알지 못했어
영원한 것은 없다
바보 같은 나는 그 마음을 잘 몰랐어

부르면 아픈 사랑
부르면 우는 사랑
엄마 그땐 내가 너무 어렸어

왈칵 눈물이 날 것 같았어
그 마음 알고
사랑한단 말도 못했어

집을 나설 때 엄마 뒷모습에서
변하지 않는 사랑을 봤어요

부끄러운 내 작은 마음 다 알고 있다고
사랑이란 게 자식이란 게 다 그런 거라고

내게 말은 아끼셨지만 나는 너밖에 없다
니가 잘되는 것 좋은 사람 만나는 것

나를 지켜 준 이름 내가 사랑한 이름
엄마 이제라도 품에 안기면
웃어 보일 것 같은데 널 사랑한다
말하지 않아도 알고 있단다
그 마음을 알고 있단다

겨울나무

마른 가지 위에 내려앉은
하얀 눈송이 고운 새 소리

드높은 산중 어디에선가
내게 들려오는 작은 메아리

사랑이 힘들면 사랑이 가면
내 품에 안겨 눈물 흘리고

바람을 참고 가지에 남은
작은 잎을 보렴 그 아름다운

사랑 이야기를 만나면
그 많은 생각 작아질 거야

포기할 수 없게 널 사랑할 수 있게

살아 있는 모든 꿈들은
후회 없이 이뤄질 거야
저 높은 산 아래 저 넓은 세상에...

거짓말

딴 사람이 있단 말은 거짓말
그대에게 하고 싶은 말은 사랑해
누군가 먼저 가져간 사랑을
나보고 어떡하란 말이에요

그때 만나지나 말았어야 해
인연인지 우연인지 묻지도 말고
마음만 아픈 그 사람 눈빛을
남 몰래 피했어야 해

가지 말라고 잠깐이면 된다고
그렇게 내 맘을 붙잡고
애원하면서 눈물 흘리는 그대
사랑할 수밖에 난 없었어

미운 당신 나를 책임 지세요
이 눈물은 당신 때문이니까
착한 당신 다시 돌아 가나요
내 맘을 흔들어 놓고
내 사랑 흔들어 놓고

#.5th album 〈소녀〉

소녀

장독대 옆 앵두나무 지나
하얗게 핀 함박꽃
이슬 내린 날 고개 숙인 게
아침인사 같아

눈이 부신 날 너의 하얀 미소에
나의 꿈이 자라던
열두 살 기억 어디쯤엔가
나도 하얗게 핀

그 꽃을 닮은 소녀
봄을 지나던 기억
나도 이제 어른이 되었다고
미소를 피운다 하얗게

어느 꿈엔가 나는 어른이 되고
하얗게 핀 함박꽃
엄마 생각에 손을 내밀다
하얗게 사라진다

그 꽃을 닮은 소녀
봄을 지나 온 기억
나도 이제 사랑을 배웠다고
눈물을 흘린다

하얗게 하얗게
탐스러운 꿈이
피었다가... 음...

눈썹달 웃음 사이로

도시를 내려다본다
저 멀리 별빛 사이로
구름 사이로 어둠 사이로
눈썹달 웃음 웃는다

하늘은 웃고 있지만
사람들 잠이 들어서
꿈속에서나 볼 수 있을까
눈썹달 저기 웃는다

고단한 하루 끝에서
무거운 어깨 너머로

환하게 비추는 별들도
어둠을 따라가다
내일을 꿈꾸는 그대 위해
하나 둘 내려온다

하얗게 새벽이 온다
별빛들 웃음 사이로
첫차를 타고 졸린 눈으로
사람들 하늘을 본다

눈썹달 웃음 너머로
하나 둘 추억 속으로

환하게 빛나는 아침도
어둠을 따라 오다
내일을 비추는 그대 위해
눈부신 해가 뜬다

소나기

한줄기 빗물이 내려와
한줄기 햇살이 내려와
한줄기 바람이 지나가는 길 위에 서서

한가한 오후를 지나가
한사람 나만을 바라봐
하루가 오색빛 무지개를 만들고 있네

오늘은 어디로 갈까 휘파람 불며 가볼까
두 눈을 감고 지나가는 바람을 불러

콧노래 부르며 갈까 소나기 반가운 이름
용기 내 그대에게 살짝 입맞춤도 하고

새파란 하늘을 지나 새하얀 구름이 가고
저 멀리 나를 불러 가면 그대의 미소

한줄기 빗물이 내려와
한줄기 햇살이 내려와
한줄기 바람이 지나가는 길 위에 서서...

누렁아

누가 너를 아픔의 시작이 되라 했나
두 눈에 맺힌 눈물 하나하나 미안하다 누렁아

사랑이 식은 세상에 빛 하나 없는 날들
여전히 우리 알 수 없는 세상 속에 살아가

달아날 수도 없는 날에 너는 누구를 향해 반가워
꼬리를 흔들었을까 자유도 모른 채

가족이 되고 싶은 누렁이의 작은 소원
착하고 여린 눈에 사람들은 모두가 주인인 듯

달아날 수도 없는 날에 너는 누구를 향해 반가워
꼬리를 흔들었을까 슬픔을 감추고
힘내 누렁아 더욱 힘을 내 누렁아

밝은 빛이 다 사라지고 어두운 두 눈 속에 눈물이
고마운 사람들을 향해 꼬리를 흔들어
힘 내 누렁아 더욱 힘을 내 누렁아

키 작은 나무 아래

기억이 부르는 키 작은 나무 아래
혼자만의 슬픔이 있어
어느덧 나의 괴롭던 이야기도
너만은 알고 있었지

내 어린 가슴이 키 작은 나무 아래
눈물 흘리던 기억을 듣고
무성한 잎들이 싱그럽다
지나던 바람에게 내 이야기를 해

어루만져 주고 싶다는 바람이
어디선가 사랑을
내 작은 하루에 물을 주듯이
소리 없이 주고 가던 날

나무에 기대고
나무에게 말하고
어느새 바람에게도

기다린 날들이 키 작은 하늘 아래
나만의 이야기를 듣고
사랑이 주고 간 나만을 위한 노래
너만은 알고 있을까

바람이 불어와
나무에게 말하고
어느새 내 귓가에도

피고 지다

꽃이 피네 꽃이 지네
아름다웠던 서럽게 떨군 꽃잎 하나

사랑인가 눈물인가 모두 지나간
빈 하루만 빈 가슴만

아! 사랑아 아! 사랑아
같은 기억이 피었다 지는 사람아

피고 진다 사라진다
잠시 머물다
꽃으로 피었다 가슴에 진다

아! 사랑아 아! 사랑아
향기도 없이 피었다 지는 사람아

피고 진다 사라진다
잠시 머물다
꽃으로 피었다
꿈같이 간다

그대하고 나하고

하루해가 지나간다 그대하고 나하고
숲길을 따라 새늘의 노래로

초록잎을 해가 지나 아름답게 빛날 때
나는 생각해 우리들 지난 날

저무는 하루에게 그대와 나의 노래
많은 것이 지나간다 아름답던 이야기

스산한 저녁에 바람 그대하고 나하고
숲속에 앉아 풀벌레 소리로

어느새 어둠이 내려 반딧불이 하나가
미소를 잃고 그 빛이 사라져

떠날 준비를 하지 그대와 나의 노래
하고 싶은 말을 지나 붉게 물든 저녁놀

하루해가 지나간다 그대하고 나하고
그대하고 나하고

파란 바람

고운 모래 길 걸어
간지러운 발가락
그 사이를 지나는
옆으로 기어가는 게 한 마리

나는 도시를 떠나
많은 사람들 지나
옆으로 가도 좋은
또 다른 세상으로 빠져드는 이 기분

아무도 모르는 꿈
찾아 떠나가는 내 모습
푸른 꿈을 가르며
시원한 바다를 만나 바람을 타고

똑같은 하루를 떠나
같은 내 모습 지나 같은 길을 걸으며
똑같은 사람들과 함께 하는 이 기분

아무도 모르는 꿈
찾아 떠나가는 내 모습
푸른 꿈을 가르며
시원한 바다를 만나 파도를 타고

있잖아 꿈이 있다면 이대로 너를 찾아 떠나봐
걱정도 너를 위해서 하나 둘 사라지게

나에게 하는 선물
둥근 세상을 난 품고파
어디든 상관없이
푸른 하늘 위를 날아 바람을 타고

한 사랑

바다를 사랑하고 그리워하다
보고 싶은 마음에 달려가
어두워지고 비는 내리는 밤에
우리 어디 있을까
사랑은

눈에 보이는 바다 파도 소리 들리고
멀어지려는 사람 곁에서
나 혼자만이 그리움을 만들고
헤어짐도 없는 꿈 그대는

저기 멀어지려는 파도와 같이
오늘도 그대 마음까지 갔다가
돌아서 올 때 무거웠던 발걸음
그대는 아무것도 몰라

내 마음은 어느새 밀려드는 아픔이
혼자만의 한 사랑 그대를
멀어지려고 기억 밖에 두려고
생각하다 머무른 사랑은

저기 멀어지려는 파도와 같이
오늘도 그대 마음까지 갔다가
돌아서 올 때 무거웠던 발걸음
그대는 아는지도 몰라

곁에 있을 때 손을 잡고 싶을 때
나만 혼자서 그림자에 머물다
그 사람에게 미안해지는 마음
그대는 아직까지 몰라

그대는 아무것도 몰라

아카시아 꽃 피었네

길었던 하루 지나고
집에 오는 길에
어디선가 전해오는
달콤한 그 향기가

코끝에 산바람 타고
넓은 들을 지나
사람들의 기억 속에
날아들어 향긋한

아카시아 꽃 피었네
집에 오는 길에
피곤하면 안 된다고
활짝 웃음 주었네

외로운 나의 집으로
돌아오는 길에
반가움도 잠시뿐인
나의 지친 하루에

차창 밖으로 지나는 푸른 나의 시절
어디에서 머물다가 하얗게 사라지나

향기로 꽃을 피웠네
집에 오는 길에
꽃 봉우리 사라지고
바람만 지나가네

나의 날은 멀어지고 누군가의 기억
어디쯤에 꽃이 되어 다시 사랑이 될까

또 다른 꽃을 피웠네
향기로운 날에
집에 가는 그 길가에
그댈 위한 노래로

향기로 꽃을 피었네 집에 오는 길에
아카시아 꽃 피었네
집에 오는 길에

눈물

사랑은 한번 뜨는 가슴의 별처럼
빛나는 기억 하나 사라지지 않는 꿈
그대 그대...

뿌리칠 수 없었던 마음들 지키지 못한 날들
돌아설 수 없었던 나를 나를...

저 멀리 떠난 사랑 떠나보낸 사랑

어둔 밤마다 사랑은 뜨고
저 멀리 떨어지는

날이 새는 날마다 빛나던 내 사랑이던 기억
두 눈가에 맺히는 눈물 눈물...

내겐 벌써 잊혀진 그대를
오늘 하루만 다시 서성이다 지나간 그대 그대...

저 멀리 떠난 사랑 떠나보낸 사랑
어둔 밤마다 사랑은 뜨고 저 멀리 떨어지는...

안녕히

사랑 그 끝엔 언제나
떠남 그 빈자리
영원할 것 같은 맘
어디로 어디로

부디 행복한 꿈이라
부디 안녕이라
가슴 먼저 눈물을
닦아도 닦아도

흘러내리는 사랑을 어쩌나
그대가 떠나면 어쩌나

이대로 나 혼자 가는 이 길을
서러워 어쩌나
외로워 어쩌나

눈물 꽃

사랑을 했다는 말도 하지 말아요 더 아파와
두 손을 잡고 당신과 헤매인 날에

이별은 없다는 말도 내게 말아요
더 슬퍼와 어둠 속에도 하얗게 생각이 나네

그 사람 내 곁에 없는 그 사람
떠나도 내 곁에 머문 그 사람

돌아설 때 이미 멀어진 그 짧은 만남을 주고
지금은 곁에 없는 사람 그 사람 때문에 사랑 때문에

슬픔이 잠시도 멀지 않은 날
어느 날 덧없는 숨을 쉬던 날

그 사랑
눈물 꽃이 되어 피어나 새빨간 꽃잎 떨구어
지금도 생각나는 사람 그 사람 때문에
사랑 때문에 그 사람 때문에
사랑 때문에...

당신의 딸

어둠속에 울며 잠든 밤
나 돌아보면 하얀 설움이
세월 속에 덧없는 무엇에 이끌려
희미해진 삶의 한 가운데

나는 어디로 가는지
무엇을 하는지도 모르네
나는 사랑이 떠나고
계절이 지나고 갈 길을 잃었네

작은 기억 하나 없는 나에게
기다림도 부질없는 일

나는 저 멀리 아버지
사랑이 그리운 당신의 딸
나는 원망도 모르네
당신의 이름도 부르지 못하네

나는 사랑을 모르고 당신을 모르고 살아가네
나는 저 멀리 아버지 사랑이 그리운 당신의 딸

그대 위해서

오랜만에 전화벨이 울린다
두 달 만인가... 아니... 음...

낮부터 내린 비에
생각이 나서 걸어 봤다고

벌써 우린 어색한 인사를 해
잘 지내냐고
그래... 음...

생각해 보자 서로 시간을 갖고
너를 위해 나를 위해서

온통 내 생각뿐인 하루하루에
견딜 수 없이 더딘 시간에

떠도는 기억 잡을 수도 없는 맘
보내 버리자 그리워도...

그 사랑은 나의 것이 아니야
사랑스러운 다른... 음...

가까이 가면
더욱 멀어져야만 하는 나는

그대 위해서...

편지가 되어

From 박강수

2002년 6월에

2005.09.01

2002년 6월에..
박강수의 첫 번째 공연이 있었습니다.
월드컵이 한창인 때...
과연 대학로 라이브극장으로 사람들이 들어올까?
많은 분들이 경험삼아 하는 거니까
부담 갖지 말라는 충고를 아끼지 않았었다.
관객이 적을 것이라는 암시인 듯도 했고...
나 역시 그렇게 생각을 했었다.
별 기대하지 않은 그런 나의 첫 공연 경험은
예상을 뒤엎었다.
6월 19일 20일 이틀간의 공연이었는데..
19일 첫날 대학로 거리거리는
쓰레기 더미로 광란의 거리로 변해 있었다.
리허설을 위해 일찍 찾은 공연장 주변을 서성거리며..
그 착잡했던 마음은 말로는 다 표현할 수가 없다.
4시가 조금 지났을까..
뮤지션들은 담배를 피우기 위하여
나는 조금 바람을 쏘일 목적으로 극장에서 올라와
길가는 행인들을 하나하나 보고 있었다.

내 나이와 엇비슷하게 느껴지는 두 명의 여자 분이
우리 쪽으로 다가왔다. 그러더니..
"저.. 박강수 씨 표 어디서 사요?"하는 것이다.
그날 나는 저 두 여자 분만 공연장에 있게 되더라도
최선을 다하리라 다짐하고 용기를 내었었다.
그러나 공연은 대성공이었다.
극장 측에서도 기대하지 않았다가..
자리를 다시 깔아야 할 정도로 많은 사람들이
박강수 공연을 보았다. 이틀 모두 말이다.
늦게 도착한 분들은 서서 공연을 관람해야 했고..
나도 붉은 옷을 입고 오~~필승 코리아를 불렀었지...
오늘 마지막 연습을 마치고
3년 전 그날 6월 19일을 떠올린다.
나에게 든든한 용기를 심어준 그 여자 분들이
아직도 나의 음악을 사랑하고 있기를 바라며...
다시 한 번 스스로 힘을 내라.. 다독인다.
함께해 주신 모든 분들의 마음이
나의 노래의 생명력임을 기억하며...

박 강 수

작은 이파리

2006.03.19

겨우내 마른 가지 안에서
숨죽이며 봄을 기다리는 작은 잎들..
화사한 봄볕에 누가 먼저랄까
연두빛 몸짓을 한다.
나도 작은 잎새...
그 잎새가 되어 봐야겠다.
연약하지만.. 질기고 사랑스러운 일 년의 몸짓을
나도 닮아 봐야겠다.
그리고 언젠가 꼭 필요로 하는 무엇을 위해
떨구어 질 수 있는...
그런 사람... 될 수 있을까...
욕심도 시기도 없이
그저 생겨난 대로 순응하면서 피었다 지는 삶
얼마나 아름답고 신비로운지...
한번 젊고 푸르다가 늙으므로...

늘 그 새파랬을 때를

그리워 아쉬워 사는 삶보다야

일 년 살면서 그 모든 것들을 다 알아버리는

그 작은 잎새가 한수 위인 걸 인정해야 하지 않을까?

언제 무성한 잎이 될까 조바심내지도 말고

기다릴 줄 아는 인내도 배우고...

2.5집 음반 작업으로

하루하루가 지칠 때 많지만

나도 기다려야지.

여름이고 가을이면 또 무성해 질 테니까.

저 푸른 숲이 될 거니까.

마음으로라도 그림을 그리며 사는

행복한 하루가 되어야지.. 싶다...

저기요!

2005.11.13

힘들고 지치고 잊어버리고 싶은 일 있으시거든
더 늦기 전에 낙엽에 매달아 버리세요.
어제처럼 소용돌이까지 치며 거세게 부는 바람 덕에
조금 일찍 그 고민들 낙엽과 함께
날려버릴 수 있을지 누가 알아요?
서걱서걱 밟히는 낙엽들에 만 가지 시간들 기억들이
교감하지만 그중에 저 위에 있는 것들은
그냥 무심히 지나가자 구요.
돌아보지도 말고 못내 이건.. 저건.. 하면서
하나둘쯤 주워들고
날씨만큼 차가운 표정 만들지 말도록 해보자 구요.
시간이야 조금 필요하지 않겠어요?
기다릴 줄 아는 인내도 만들어야겠고...
그렇게 봄 기다리듯이
희망을 기다리는 우리 님들 다 되어 보자 구요.
저도 함께 말입니다.
아직 걸려 있는 이파리들이 많으니 다 걸어버리세요.
마음속의 잘잘한 고민거리들까지도 그렇게
다 걸어버리고 새것들 기다리자 구요.
아셨죠?

흔들림

2007.02.27

흔들림을 견딜 수 있는

여린 꽃잎을 지나며

비에도

바람에도

내내 흔들리다가

가벼이 떨어져 내렸나 봐요.

아름답게.. 피웠던 봉우리가 무색하지만

다음해를 기약하는 흔적이겠지요.

시작하였노라고 말하는 거 같고..

열정으로 피었다.. 지는 삶이 이야기 같고...

아름다운 마무리..

한참을 서성이던 길가의 작은 화단 앞에서

인생을 생각했었습니다.

웃어요

2007.05.03

이렇게 웃기로 해요.
왜냐고 누구냐고 묻지도 말고
이렇게 웃기로 해요.
모든 것을 다 안을 수 있을 만큼의
가슴을 열고 맞이하는
이 꽃의 마음처럼... 미소처럼
이렇게 하루도 웃기로 해요.

비가 와요

2007.08.07

비가 오는 하루를 선물합니다.
누군가에게 눈물이겠고.. 아픔이겠고..
그리움이어도 그저 받아주세요.
지금 저 밖에 흐르는 건 빗물이 아니고
사랑이라 생각하며 쥐어보고.. 느껴보고..
아름답다 여기며 받아주세요.
그대에게 주는 마음이라 여기며 간직해 주세요.
우리 님들께 알려드리는 사랑주의보..
강수사랑 주의보 ^----^

새 봄

2008.02.27

우리가 봄을 기다린 게 아니라
봄이 우리를 기다렸습니다.
보이지 않는 저 깊은 가지 속에서
겨우내 추위 견디며 땅속에서부터도
봄이 우리를 기다렸습니다.
하도 반가워 푸릇하고 싱그러운 웃음이 오갔던
지난해 그 봄을 떠올려 봅니다.
우리 님들의 모든 일이 숨죽였다 피어난
새봄 같았으면 합니다.
파릇했으면 행복이겠습니다.
이상 봄소식이었습니다.

파란 하늘은요.. 2008.03.13

파란 하늘은요.. 떠올려지는 기억들을
물들일 수 있을 것 같아요. 파랗게..
어두운 그늘빛이거나 붉어도.. 올려다보는 것만으로
구름같이 희석되고 동화될 것 같아요. 파랗게..
"나의 노래는 그대에게 가는 길입니다..."
언제가 되어도 저를 기억하게 되는 말..
님들의 고단하고 아름다운 이야기가 하나가 되는 하루
만남으로 마법처럼 모든 걸 잊고 반가울 수 있는
무대에서의 감동을 님들은 알까..합니다.
노래는 이야기입니다.
들어주는 님들이 있어 행복하고 감사합니다.
눈물 흘리지 않고 외로울 수 없는 이유..
그도 바로 님들입니다.

행복해 눈물이 났습니다

2008.04.10

아직도 행복해 눈물이 날 것만 같습니다.
무대에 있을 때 살아 있음이 그리고
존재의 가치가 뜨겁게 전해집니다.
함께해 주신 모든 님들께 감사도
말로는 부족함을 알지만 무엇으로 더 할까요..
세상을 봄비가 적시던 날...
님들의 마음이 전해준 그 따뜻한
봄소식과 사랑은 잊지 않겠습니다.
내내 꽃피우도록 노력하겠습니다.

기쁠 때나 슬플 때나 사랑할 때나
때로 많은 것들과 이별일 때도
지치지 않고 노래하겠습니다.

님들 앞에서 노래하고 싶습니다.

아쉬워서

2008.04.24

바람이 불고 비가오더니
떨어지는 꽃잎은 다음을 기약합니다.
강진 다니러 갔을 때
백련사의 사찰에서 만난 좋은 글귀 하나..

**꽃잎 진다고
그대를 잊은 적 없다.**

다시 봄을 기약할 수 있는 마음
기다리는 마음
그리운 마음으로 보내지는 하루
사랑스러운 봄
다시 만나요 우리...

그냥 있었습니다

2008.04.30

그냥 있었습니다.
기다리는 마음이 아니어도
그대 마음이 먼저 와서 맞아주었고
묵묵한 독백이어도 들어주는 배려를 하였습니다.

그냥 서 있는데도
하루의 마지막 노을은
그 아름다움으로 나를 향해 내렸고
파도.. 밀려왔다 밀려가며
잘잘한 미소 같은 거품을 빛나게 선물하였습니다.

그저 다 주고 싶은 마음을
혼자 받은 것 같아 벅찹니다.
이제 조금씩 우리 님들의 사랑을 환원하고 싶습니다.
누군가도 소리 없이 서 있으면
그저 다가가 노래하겠습니다.
아무런 이유도 대가도 바라지 않고 계산하지 않고
그렇게 소리 내어 노래하고 싶습니다.
님들이 제게 그랬듯이...
이날 궁평항의 노을이 내게 그랬듯이 말입니다.

바람입니다

2008.07.29

아프리카보다 더 뜨거운 하루하루를 지납니다.
비가 오면 비가 오는 대로 마음 쓰이는 공간이 있어
걱정이고 눈 뜨기도 힘든 태양 아래..
마음 열기도 지치는 일상 그렇게 우리 님들도
살아가고 있다고 남기시는 이야기들 함께 공감하고
있습니다. 계절은 뜨겁지만 시원한 무언가를 찾는
많은 생각들 그리고 그런 곳을 향해 떠나는 사람들.
이 사진 속의 바람이 그대로 님들에게로 불어가길
바랍니다. 깊은 바다색 다크 블루..
그 진한 바다와 바람과 기억을 다 드리고 싶습니다.
고단히도 흐르는 땀을 식힐 수 있다면요.
님들에게 전하는 마다가스카르의 바다입니다.

소녀
너를
닮아야겠다

2008.10.29

소녀..
너를 닮아야겠다.
마음이 내려앉아 가을 낙엽보다 더 많은
기억들을 헤맨다. 그러나 순간순간 구르다 멈춘 곳에
미소가 있고 돌아볼 시간을 가진다.

소녀..
너를 닮아야겠다.
오늘은 무척이나 힘든 무게로 하루를 지나며
한숨보다 더 깊은 가을을 맞았다.
오늘은 소녀야
너를 닮아야겠다.
너의 미소를 닮아야겠다. 용기를 내어야겠다.
너의 미소가 물들인 내 가을이 아름답도록...

꿈이 아니었음을..

2008.12.31

꿈의 실현
이제 현실이 되어 버린 많은 일들이
다 내 것인 줄 알고 벅차했던 것을 압니다.
여느 해보다 몸과 마음이 덩달아 바빴던 2008년
서른의 아쉬움을 빛나게 하기 위해
내 자신을 향한 열정이었을까?
그 고단한 시간들을 참고 견뎌 보려는 나의 의지가
날개를 달았던 것은 꿈같이 아득하였지만
오늘 나는 꿈속의 하루를 살고 있음을 깨닫습니다.

생각의 끝이 혼잣말이 되어 중얼거려 봅니다.
나는 사랑하였습니다.
사랑할 때 그리고 사랑받을 때
힘들어도 힘든 줄 모르고 잠을 줄이며
먼 길 그 먼 길도 마음 가벼이 떠날 수 있지요.
어쩌면 나는 님들을 사랑해 그리고 님들의 사랑을
받아 오늘 꿈같이 후회 없는 한해를 지냈다 여기고
있는지도 모릅니다.

많이 아팠지요.
많이 아쉽고 많이 미안하고
많이 돌아봐지고 많이 떠올려지고
많은 님들과의 아쉬운 인사를 지나며
한참을 서성거리기도...

그러나 12월 31일 아침
꿈같이 행복한 한해를 지냈다 생각하고 있는 건
사랑하고 있기 때문입니다.
님들을 사랑하고
님들의 사랑을 받기 때문입니다.
조용한 아침이 좋습니다.
마음으로 사랑에 빠졌다 고백해도
실없는 소리로 흘리지 않고 받으실 님들이 있어
행복했습니다.

눈이 시리도록 푸르른 날

2009.05.26

그런 날들이 님들의 하루를 열었으면 합니다.
잔잔해 보여도 물밑 세상은 삶으로 분주할 수 있는
부지런함과 열정의 파장이 되어 수면 위로 오르는
님들의 오늘이 되시기를 바랍니다.
슬퍼하지 마시고 다시 힘을 내시기 바랍니다.
우포에 촬영 가던 아침 들었던 소식으로 세상은 떠들
썩하지만 님들의 삶은 살아 있기에 더욱 빛이 납니다.
눈이 부시게 하루를 시작하길 바라며...
늦은 밤 우포늪의 푸른 이야기를 드립니다.
님들의 얼굴에도 미소가 번지기를 바라며 올립니다.
금요일 방송될 세상의 아침 우포늪 편입니다.
푸른.. 강수.

함께 걸어요

2009.07.20

숲이 우거지고 새들이 노래하고
좋은 님들과의 대화를 바람이 들어주는 오후..
그리고 시샘하는 들꽃..
우리 모두 그 속에서 행복한 한때를 걷는다면
그것이 바로 행복입니다.

.

.

바로 우리입니다.

아침부터 문득
애늙은이 같은 생각

2009.09.09

기다려주지 않는다..
그러나 그리 세월을 따라 잡으려 애쓰던 기억은 없다.
나이는 먹는 게 아니고 지나가는 것은 아닐지..
누구든 나이를 먹고 싶은 사람은 없는 거니까..

언젠가 돌아봐지는 푸른 한때가 있었다.
누군가는 지금의 내 모습을 그리 느끼기도 하겠지만
사람의 욕심이라는 것이 늘 더 가지려는 습성이 있어..
나이를 지나왔다는 것은
감기같이 감출 수 없는 것인가 보다.
어느 날 어느 순간에 만나게 되는 스스로의 모습에
실망감보다는 아름답게 그런 자신을 만나주는 일..
그게 더 좋겠다는 생각..
움푹움푹 시간들을 간직한 얼굴에서
나의 작은 위로를
나에게 보내며...

그래도 웃어야지.. 한다.

• • •
2010.06.14

솔직함이 남긴 진정성..
아무것도 걸치지 말고 설 수 있는 자연스럼
아무것에도 의지 않고 다가갈 수 있다면..
그것이야말로 질릴 것 없는
떳떳함으로 빛이 날듯
잘나서가 아니라 솔직함이 매력인 사람에게만이
느낄 수 있는 원초적인 끌림
가식이 없기를
내 삶에 가식이 없기를
스스로에게 권하는 하루입니다.

소원을 말해 보세요

2009.10.27

감사

보람

기쁨

나눔

뜻 깊은 갖가지의 이야기들이 오가던 날

해남 땅끝 미황사 괘불재 날

오색 연등이 불을 밝히고

참여한 전국의 많은 대중들이 마음을 밝히고

대웅전 앞에다가 내어 놓은

그 많은 감사의 마음들이 피어 꽃이 되던 날

누군가 제게 그랬습니다.

가수님은 정말 복이 많은 사람이라고...

그러나 그 복을 자꾸 꺼내어 써버리고 나면

어찌 하실 거냐고.. 반대로 복을 짓기도 하고

아끼기도 해야 하지 않겠느냐고.. 맞는 말씀입니다.

그죠.. 그 복이 다 사라지면 어찌합니까..

저 행복한 사람, 복 받은 사람인 거 압니다.

그러나 넙죽넙죽 계속 그 복을 받기만 하다보면

훗날 어찌할까 생각했었습니다.

그 말씀을 해주신 분이 또 그럽니다.
보살님은 노래하는 것으로 다른 사람들의 마음에
위로를 줄 수도 감사를 받을 수도 있으니
그게 다 복을 짓는 일이라고...
그러니 걱정 마시라고 하였습니다.
타고난 복도 아낄 줄 알아야 한다는 것이
그 대화의 결론이었지요.
하도 고운 빛을 하고 있어서..
땅끝 바다 바람을 만나 사람들 사이를 이리저리
기웃거리는 오색등에 우리 님들의 소원도
걸어두고 싶어서 담아 왔습니다.
자~~
소원을 말해보세요~

봄볕을 쏘이세요

2010.03.03

봄볕이 주는 행복감..
어제 오후의 두어 시간..
햇살에 밀린 한기가 온데간데없고
나른하라고 봄볕은 눈이 부시게도 따스한 날..
차 한 잔.. 책 한 권..
숨이 차려는 오늘보다
잠깐 지난 기억을 더듬어 행복감에 젖어보았습니다.
좋아서 하는 일에는 망설임이 없고 실패가 적습니다.
즐긴다는 것이 쉽지 않은 일이지만..
님들의 하루 동안의 비슷한 일상에
쉼 없이 오시는 고단함을 이길 수 있는
감사가 동행하시기를 바랍니다.
위로와 기쁨의 노래를 마음으로 다 불러 드릴 테니...

눅눅한 기억들일랑 오늘 봄볕에 다 내다
말려버리시기를... 보고 싶고 나누고 싶은
소소한 이야기..
님들.. 하루가 궁금합니다.
오늘은...

봄바람에

2010.04.18

꽃잎이 흩날리더이다.
봄이라 그렇다고 하기엔 너무 애절하게도
살아 있는 꽃잎을 흩뿌리더이다.
그대 가는 길에도
내 걷는 저만치 길가에도
꽃잎 흐드러지게 떨구고
앙상한 가지 사이
잎을 재촉하며 사사삭 소리 내더이다.
돌아서는 마음
애처롭게도.. 아름답게도.. 떨구어진 꽃잎이
한가득이더이다.

나비가 되고 싶었나봐요

2010.07.14

도라지꽃은 나비가 되고 싶었나봐요.
날개짓만 하면 날아오를 것 같은데..
쑥덕쑥덕 날 궁리들을 하는 모양으로 흔들리는데
마음속 천국 같았습니다.
그만큼 행복하게 바라보는 나의 곁눈질에 더 눈부시게
빛을 발하던 봉화 비나리 마을의 도라지꽃들..

날고 싶은 마음들을 이렇게 꽃으로 피워낸다면
누구라도 아름다워 보이지 않을까 합니다.
행복한 기분에 날개를 달지 않을까 합니다.

파도가 일다

2010.07.21

생각이 감정이
저 멀리서 복잡하더니
파도가 인다.

부서져 버려라.
그 많은 생각들
그 많던 연연들

기억도 시간도
하얗게 부서져 버려라.
마음에 파도가 밀려와
하얀 포말로
기억을 잘게 부순다.

잔잔해 썰물일 때까지...

아름다운 10년

2010.09.27

많은 것들을 저울질해보고
조금은 외로운 길 걸었던 10년
저의 라이브 공연에 관객을 만나는 일에 투자한
10년은 가난한 마음을 채운
10년이라 해도 좋겠습니다.
님들이 있어 음악이, 마음이 부자가 된 오늘은..
이제 열흘 남은 공연 준비로 더 가득하다는 걸..
아시지요?

추석이 지나고 우리 님들의 연휴엔
별일 없으셨기를 바라는 마음
노래하는 내내 한곳만 바라보았던 이야기
돌아보니 정말 하루같이 짧은 10년
10월 8일, 10일 소통 홀에서.. 만나는 공연
기억하시는 님들의 특별한 하루가 되시기를 바랍니다.

감사로 하루를 지나며...

거스름이 없는 자연은

2011.01.12

사람은
촘촘한 수많은 기억들로 살아가며
사랑하고 이별도 하고
시련에 눈물도 흘리고
주저앉아 도저히 일어날 수 없을 것 같기도. 수없이
때를 알기란 참 어렵다.
특히 사랑하는 일 이별하는 일에 있어서..
아파하고 성숙하기를 번갈아
시간이라는 벽에 기대어 긴 한숨을 쉰다.
자연은 어찌 그리도 그때를 잘 지켜 알고 순응하며
살아가는지... 감탄.. 경의.. 그 이상..
자연은 순리다.
때를 알고 기다리는...

비상

2011.01.26

혼자가 아니라 함께입니다.
그래서 우리라고 하는 것입니다.
외롭고 추운 날에도 힘들고 지친 날에도
우리이기에 다시 용기를 얻고 다짐하는 것입니다.
우리라는 것은
그대를 위함도 있고
나를 위한 그대 마음도 있는 것입니다.
감사로 만났던 우리
함께한 비상이었습니다.
찬바람 추위도 우릴 갈라놓지 못했기에
함께 날아올랐던 비상
행복했습니다.
우리는 강수사랑입니다.
사랑합니다.

생각

2011.02.22

봄은.. 저 깊은 땅속 겨우내 추위를 견뎌
생명을 땅 위로 솟아오르게 한 그 뜨거운 견딤과
참음과 부지런함이 만들어 낸 계절입니다.
볼 수 없었기에 감탄할 밖에..
자연은 그런 감동의 변화를
오늘 아침에도 우리 곁에 두었습니다.
햇살이 그 증거이고 꽃피우려고 움츠려 물을 기다리는
작은 화초에도 눈길을 주고 물을 주는 마음도...

봄은 이 작은 마음들이 가 닿지 않은 곳이 없을 만큼
따사로운 계절입니다.
세상에 드러난 모든 것은
보이지 않은 곳에서부터 시작한다는 거..
저의 음악을 향한 님들의 마음같이 동요한다는 거..
이제 봄이구나.
실감하는 오후에..
작은 소통에 드리운 볕이 너무 좋아서
3월 1일 무대에서 봄노래 하겠습니다.
님들과 같이요^^

외도

2011.03.26

구석구석 찬 바다 바람이 들지 않은 곳 없이 추운 날..

그러나 봄이 다가와 안겨 준 꽃소식

햇살 가득한 화창한 날..

시샘하는 바다 바람이 매섭게 불던 날..

그림 같은 오후를 담고

향기를 담고

마음을 쓰다듬고

동백같이 추운 시간을 견디었으니..

먼 바닷길 다니러 온 아름다운 사람들의 이야기도

꽃피우리라 생각 들었던..

외도.. ^^

치유의 힘 자연입니다
2011.06.13

크게 숨 쉬고 싶어지지 않나요?
자연의 힘
그것은 치유의 능력입니다.
무상으로 사람들에게 주는 감사의 것이지요.
해가 저물어 갈 무렵입니다.
해를 따라.. 사랑스런 눈길 주듯이..
들꽃들의 가장 아름다운 이야기 같아서..
보기만 하지 말고 사진 안에 그 속삭임 같은 생명도
들어보시라..하고 싶습니다.
아름다운 기억이길 바라며.. 늦은 밤입니다.
잠못 이루다가...

열두살, 봄을 지나던 기억

2011.06.15

내 유년시절에 피었다 진
탐스럽고도 아름다웠다.. 기억하고 있는 함박꽃..
해마다 봄..
눈이 부시게 빛나는 추억을 꺼내려다가
사라져 가버린 꽃송이같이
멍든 기억과 함께 지지 못하는 슬픈 이야기
아름다운 노래가 된다.
소녀가 된다.
꿈같이 사랑스럽던 이야기
피우지 못한 하얀 꿈같은 나의 이야기
그 기억을 담은
그 눈물이 피어난
함박꽃입니다.

독백

2011.06.18

바다도 그립고
사람도 그립고

지나간 많은 시간들이 남긴 그리움이

파도 같습니다.

가을이 지나는 풍경

2011.11.10

가을이 지나는 풍경은
스산해 보여도 멋이 있고 추억이 더해져
가던 걸음을 느리게 합니다.
푸석해 보여도 다음의 싱싱한 내일을 준비하는
단단한 과정이기에
아름다워 보입니다.
그래 보입니다.
가을은 가는 것이 아니라
담는 것이라는 생각에 잠시 이릅니다.
자연이 하는 일..
참 멋이 있습니다.

최근 일주일
새날이 그립습니다

2012.01.02

일주일간의 혓바늘과 편도선 염증은
저의 온 일정과 열정을 다 집어삼킬 듯
지끈거렸습니다.
고질적으로 어려서부터 앓아오던 입병들은
조금만 고단해도 신경 써도 돋습니다.

일종의 공주병? 에헴 전 요정인데도..ㅎㅎ
병원처방에도 완치란 없다고 하고
무조건 편히 쉬고 스트레스 받지 말고...
뭐.. 처방전은 늘 그랬습니다.
익숙할 만도 한데 좁쌀만한 혓바늘이 괴양이 되고
물만 닿아도 눈물이 찔끔 났던 어제를 지나
오늘은 조금 나은 듯합니다.
투정이 아니라..
이 작은 것에도 일상을 송두리째 빼앗기는 거 보면
건강 !!!! 그것이 우리 삶이 지향하는 행복추구의
가장 기본인 듯합니다.

돈보다 건강, 사랑보다 건강, 스스로의 건강이
나를 가족을 주위를 나아가 나라를.. 맞죠??
님들의 새날 꼭 건강과 작은 일에도
행복해하고 감사해 하고...
작은 일상을 함께 사는 우리 님들과 저는
무엇을 공유하며 행복해 하고 감사를 화두에 올릴지..
2012년 임진년엔 생각해 보기로 합니다.

제가 혼자 있어보니까요..
외로운 건 외로운 게 아닙니다.
아픈 게 외로운 겁니다.
흑룡의 해라지요 올해는...
용감과 건강의 새날을 님들께 기원 드리며...

새해 복 많이 받으시기를... 강수

다시 새날에

2012.01.25

달력의 2012년이 될 때..
많은 안부와 건강을 기원 드렸는데..
텅 빈 서울이 우리 님들의 분주할 일상까지
느끼게 하는 군요.
제가 자주 들러 밥을 먹는 코리아 식당의 제육볶음이
오늘은 간절해도 소용이 없고 한산한 거리, 오피스텔
복도를 오가는 사람들의 발걸음도 없습니다.
오늘은 종일 추운 바깥날을 실감합니다.
잠시 열어둔 창문에서 칼바람이 드네요.
얼른 닫았습니다.
아직도 감기의 여파가 여전히 남았습니다.
초저녁 주문 배달한 스파게티를 먹고 포만감에 잠이
살짝 들었었습니다. 덕분에 이 시간은 ..^^ 새벽 2시
언젠가 신발장 위에 기네스 흑맥주를 사다놓은 적이
있습니다.
마트에서 엄청 할인을 많이 하길래 그냥 사둔 것인데
족히 1년은 지났을 겁니다. 뜯지도 않고..
오늘 개시를 합니다. 몸에 좋을 리가 없지만
기분에 좋을 듯하여...

설 명절이라고 거래처에서 보내온
마른 멸치가 마침 있습니다.
기분이 한결 차분해지고 좋은데요..
하던 작업을 아직은 다 들려드리지 못해도
오래 전부터 생각만으로 남았던 일을
올 초 실천해보려고 진행 중입니다만..
잘하는 일인지는 모르나 하고 싶은 일이기에
많은 생각과 시간을 들이고 있습니다.

2월 매주의 공연과 님들과 마음을 다해 시도하고 싶은
바자회가 코앞인데 넘쳐날 새해 문자나 메시지들에
치일까봐 망설이다 미룬 것이 마음만 바빠졌습니다.

님들의 고운 잠 후에는 새날이
가족과의 감사한 덕담이 오가고 정을 나눌 시간들이
기다리고 있기에 먼 길 고단함을 잊겠지요.
맛난 음식 드시고 감사해 하시고 즐거운 만남을 담고
서울 공연에 기다림을 만나주시기를 취중에도
바래봅니다.

나의 노래는 그대에게 가는 길입니다

만약에

내가 다시 태어나
나무가 된다면 뿌리가 되어야지
사계절 흔들리지 않게 깊이 나를 묻어둬야지
줄기며 저 잎사귀에까지
좋은 것만 흙에서 골라 보내줘야지
푸르도록
더욱 푸르도록…

가끔 세상 구경하는
지상 위에 아름다운 무엇인가 부러울 때도 있겠지만
그 아래서 묵묵히 그 질긴 생명력이 되어 주어야지
내 안에 그대가 그런 것처럼…

마음

현실 속의 가난은
내 정신을 더 단단하게 하였다.

나태한 생각들의 침략을 받을 때마다
그렇게 중무장된 내 정신은
더러 피 흘리기도 했지만
꼿꼿이 자존심을 펴고 당당히 이겨 냈었다.

그 어떤 어려움들이 날아와 부딪혀도
무너지지 않을 각오로 성을 쌓았다.
내 지난 시간들은 그래서 늘 "공사 중"이었지만...

힘들었지만 후회는 않겠다.
그 시간들을 꺼내어 그대에게 선물하고 싶은데...
좋은 음악으로 따뜻한 노래로...

주는 나의 마음이
받는 그대 마음까지 전해 졌으면 싶다.

확신

끝이 보이지 않는 길을 가 보아라.
망망대해를 홀로 떠 있는 기분으로 가는 그 길에서
더러는 인생을 배운다는 사람들이 있다.
그렇게 반쪽의 성공만을 쫓아 가다가
또 더러는 후회를 만끽하기도 한다.

내 인생에 종착지를 나는 이미 그려 놓았다.
그래서 지금 가고 있는 길에 대한 불안감은 없다.
후회도 없다.
지나온 길에 못다 나눈 사랑에의 아쉬움이나
이미 지나쳐 버린 것에의 그리움들을 빼고는
나에게 잠시 멈추라 하는 건 아무것도 없다.
한참을 더 가야 하는 나는...
지금도 내 갈 길을 간다.

고백

창작이 내게 안기는 고통으로
나는 음악 인생을 포기하고 싶을 때가 있었다.

도망치려는 내 발목을 잡혀
가위에도 눌리고 쉬 깨어나 지지도 않아서
내 자신을 내던지고 싶을 때도 많았다.

그대가 기다리므로
나는 조금씩 나아갔지만
돌아서고 싶을 때가 한두 번이 아니었다.

사랑과 음악 사이에서
참 많이도 눈물을 흘렸다.
모르시겠지만 아직도 얼룩져 있다.

여기까지...
쉽지 않았음을 아시는가...?
가야 할 길이 또한 너무 먼 길임을 아시는가...?

음악은

음악으로 인해 내 존재의 가치를 느낀다.
날마다 그 음악으로 인해 즐거우며 행복하다.
때로 나의 모자람이 조급함으로 둔갑해
주위 사람들을 피곤하게도 하지만 말이다.

아이를 낳는 산모의 고통을 아시는가?

새로운 음악도 흡사한 정성과 고통 후에야
태어나는 것이라 말하고 싶다.
최소한 내 경험에 의하면 말이다.

나는 여자로서 아이보다는 먼저
연약하지만... 내 소신으로 음악을 낳았다.
결코 순산은 아니다.

사실

사실 그대들 앞에서 노래하면서
쑥스러웠다.
지금은 노래를 만들므로
그대 앞에서 더 소심해져 있다.

새로운 것들을 보이거나 들려줄 때
나는 또 그대들 앞에서 벌거벗고 서 있다.
내 솔직함을 마주하고는
그대들의 반응도 가지각색이다.

부디 나의 음악과 이야기들이
그대 취향이기를 바랄 뿐
후한 점수로 선처를 바랄 뿐이다.

동거

살아 숨 쉬고 움직이는 생명체가
내 방안에 있는 것만으로도 나는 외롭지 않다.

싱크대며 방안 구석구석 염탐꾼처럼 기어 다녀서
눈에도 잘 안 띄는 개미가
왜 이리 반가운지.. 고마운지..

투명 창과 불투명 창 사이로
간간히 하루살이나 날벌레들이 갇혀 있다가
나로 하여금 자유를 얻어내기도 한다.

방충망이 쳐 있는 창문까지 열어 둬 봐야겠다.
선선한 늦가을인데 살인모기는 없을 테고
귀뚜라미나 한 마리 방으로 들어왔으면 싶어진다.

밤새 나를 위한 노래로 온힘을 다할 것이므로
행복한 동거를 시작해도 좋을 것이므로...

걱정 I

거미가 부엌 저 끝에 집을 걸었다.
미관상 걷어내 버릴까 하다가
그래도 살아 숨 쉬는 생명인데 싶어 그냥 두었다.

며칠째 파리며 모기 한 마리도
걸려들지 않고 있다.
저러다 굶어 죽지나 않을까 또 걱정이다.

벌레라도 한 마리 잡아다가
줄에 걸어주어야 하나 하고 생각 중이다.
내일까지만 두고 봐야지...

방청객

내가 사랑하는 것을
그대는 바라만 본다.
맘에도 없는 행복을 빌어주고
박수도 친다.

슬프게 웃음 짓다가 돌아서는 그대여!
내 인생의 주인공이고 싶으나
그대는 끝끝내 나서지 못하고
바라만 보는 방청객이고 마는가?

아버지

그리움이 닿지 못한 이름
내 그리움을 알지 못하는 이름
한번도 부르지 못한 그 이름
바로 아버지입니다.
참 그리웁고
그리운 이름입니다.
아버지...

솔직하려고

캄캄하게 불을 끈 상태로 글을 써본다.
단어 선택에 있어서도
사물을 묘사해 내는데 있어서도
나는 왕초보다.
밤에 적어 두었다가 아침에 읽어보면
유치하기 짝이 없기 일쑤다.

밝음으로
떠오르는 생각들이 너무 많으면
개중 고르고 거르기 시작한다.
그렇게 의식하며 쓰는 내용들은
가식이며 사치라는 생각에서 불을 꺼 보았다.

순간 지나치는 생각들을 산 채로 잡았으므로
신선할 수 있지 않을까도 싶고...
아무것도 보이지 않으니 마음은
더 솔직하게 열려 있다.

그런 사람 있나요?

향 좋은 커피 한 잔과 성격 좋은 사람을 만나
사는 이야기나 좀 나누고 싶다.

늘 친숙한 가까운 그런 사람 말고 조금은
어색함과 새로움으로 내숭을 더해도 좋을 사람...

관심의 촉수를 높이 들고
서로를 알아내는 데 신경전을 벌일 수 있을
그런 상대와 오후 시간을 보내고 싶다.

아직은 아무런 사이가 아닐 것이므로
지난 사랑 이야기도 스스럼없이 물어보고 싶다.
서로 맘 상하지 않을 거니까...
질투심으로 불타지 않을 수 있으니까...

부담 없이.. 가벼이 미팅이란 걸 하고 싶다.
식사 후엔 꼭 영화를 거르지 말아야지...
그런 사람 있나요? 손!!!!! ^^

몸 생각

머릿속이 복잡하여
내 몸은 늘 피곤하다.
생각이 많아 내 몸은 늘 방황하고 지쳐한다.
주먹만 한 죄가 내 몸 전체를 호령하며 사는 것이다.

뒷 목줄기가 뻐근해 오기도 하고
팔다리도 가끔 저려오면
내 몸은 저항을 시도한다.
시키는 대로는 못살겠다고...

들어먹지 않는 생각이란 놈들은
병이 될까 주춤하다가도
다시 사방으로 활기를 치고 돌아다닌다.

오늘도 내 몸은 피로와 벗 삼는다.

꼭지는

아무것도 지치지 않은 게 없다.
천근만근인 무거운 발걸음과 중심을 잃으면
금방이라도 땅에 닿아 버릴 거 같은
무거운 머릿속의 일상들
아.. 그런 하루의 마지막이 힘겹다.

불과 몇 시간 떨어져 있어도
너무나 반가워 어쩔 줄 몰라 하는 꼭지가 나를 맞는다.
내 지친 하루를 보듬어 준다.

낮에도 밝기를 거부한 내 작은 방에서
꼭지는 언제나 나만을 믿고 기다린다.
내 사생활의 모든 것이
여기서 나고 죽는 것을 꼭지는 안다.

ㅎㅎㅎ
너무 많은 것을 알고 있으나
다칠 일은 없다.

… 꼭지 이야기

무슨 인연으로 내게 왔는지
꼭지는 8년 전 우리 집으로 분양되었다.
한 달이 되기 전에 꼭지는 어른 주먹만 한 크기였었다.
지금도 그리 크지는 않는 종자여서 내 종아리만 한데..
제법 할머니 개(?)다운 면모를 많이도 가지고 있다.
요즘은 내가 꼭지를 모시고(?) 산다고 해도
과언은 아닐 거다. 애완용 강아지를 기르는 분들은
아마도 짐작하실 것이라 생각하지만, 이젠 거의 사람
처럼 행동하고 지가 사람인 줄로 아는 것도 같다.
거울을 보고 놀라는 거 보면 말이다. ㅎㅎㅎ...
서울 생활로 힘든 하루하루의 마지막을
나는 늘 꼭지의 재롱으로 보상받았다.
눈을 보면서 대화도 나누고 고민 상담도 했다.
외로운 객지 생활에서 나에게는 고마운 존재이다.
그러나 더러 불편한 게 한두 가지가 아니었다.
장시간 집을 비우거나 여행을 하는 것은
아주 곤란한 선택 사항 중 하나였고,
집안에 집기들이 하나하나 늘기 시작하면서도
꼭지를 배려하지 않을 수 없었다.

한번은 시골에 계셨던 엄마가 상경을 하셨다.
긴 시간 기차를 타셨고, 힘든 생활이었을 나를
생각하시고는 쌀이며 보신을 위해 집에서 키우시던
암탉까지 산 채로 보자기에 묶어 어깨에 메고 오셨다.
그뿐이랴. 갖가지 밑반찬들은 거의 터질 것 같은
엄마의 상경 가방에 차곡차곡 쟁여져 있었다.
서울역에서 차를 주차하고 서 있는
나를 발견하신 엄마는 거의 서커스 수준 행장으로
몸에 이고지고는 내게로 걸어 오셨다.
"아이구~~ 엄마~~."
이 감탄사 외에 나는 더 이상 할 말이 없었다.
차에 모시고 일산까지 들어오는 한 시간은 마치
몇 시간을 느끼게 할 만큼 적잖게 내게는 고통이었다.
살아 있는 암탉은 책보자기에 볼일을 보고는
털에까지 묻혀 짓이겨 놓아 그 냄새는 뭐라
설명하기가 힘들 정도였다.
담아 오신 반찬들도 가방에 너무 많이 넣은 탓에
여기저기서 새어 나오거나 흘러 시골학교 때
점심시간에 맡던 그 향수까지 불러 일으켰다.

점심 도시락 반찬으로 몇 명이라도 신김치를
담아오는 날엔 수업이고 뭐고 그 냄새 때문에
머리까지 아팠던 기억이 있다.
그 주인공들이 나이기도 했지만...
이미 엄마가 며칠 외박을 위해 챙겨 오신 흰 속옷들은
반찬국물에 구별하기조차 힘들게 되었다.
그 얼룩은 쉬 빠지지도 않는데 말이다.
그날 이후 한 달은 내 차에서 그 냄새를 맡아야 했던
것 같다. 방향제도 소용없고 스프레이는 그저
잠시뿐이었기에.. 문제는 그 다음이었다.
집에 오신 엄마는 놀라 자빠질 뻔 하셨단다.
시골에서야 개라면 그저 집을 지키거나 식용(?)으로
생각하고 계신 터라 애완동물이라는 말 자체가
어색하였을 거다.
개가 방에서 사람하고 같이 잠을 자고 먹는다는 것
자체가 엄마에겐 이해가 잘 안 되시는 모양이었다.
"텔레비전에서만 봤는디..."
하시고는 혀를 차셨다.
탐탁하지 않으신 심정이 얼굴에 역력했고,
뭔가 마음에 안 드시는 듯이 내내 꼭지에게 눈치를
많이 주셨다.
"저리가!!" 하시면서...

그즈음이 가을이어서
꼭지가 암내를 풍기기 시작했다.
교미라는 것을 시켜야 새끼를 가질 수 있었기에
가축이라면 일가견이 있는 엄마에게
자문을 구하기로 했다.
"엄마, 꼭지 새끼를 내야 할 텐데... 어찌까???"
그랬더니 엄마는 너무 짜증스럽게 대답하셨다.
"흐미~~ 뭐 허게 새끼를 내!! 묵도 못 허고...!!!"
심히 충격 받지 않을 수 없었다.
그 후로는 꼭지 일로 다시는 엄마께 상의 드리는 일은 없었다.
얼마나 더 내 곁에서 좋은 인연으로 꼭지가 있어 줄지 모르지만, 아쉬운 게 있다면 꼭지가 좀 어렸을 때
새끼를 한배라도 낳게 할 걸 하는 아쉬움이다.
꼭지 닮은 가족을 하나 더 두었다면 나도 꼭지도
덜 외로웠지 싶은데... 이미 늦은 후회이다.
꼭지 나이가 너무 많은 탓에... 쩝!!
꼭지야~~~ 사랑해~~~
엄마가 (애완용 강아지를 키우는 분들은 본인을 주로 이렇게 부르기도 한다)

아니... 왜?

60평생을 시골에서 농사와 소일거리를 더불어 사셨다.
엄마는 도로에 줄지어 서 있는 차들의 매연만 맡아도
어지럼증이 인다고 하신다.
예전부터 우리 엄마의 주특기는 동네에서도 알아주는
가축 농사였다. 이유인 즉 개, 닭, 오리, 염소, 거위 등
집 마당에서 기르는 가축은 남의 집 것에 비해
때깔부터가 달랐다. 더 희귀한 것은 다 죽어 가는 개나
다른 것들도 엄마의 손길이 한동안 닿고 나면 다시
회생하곤 하는 일이 빈번했다. 그런 탓에 동네에서는
사고가 나거나 병이 들은 가축들은 죄다 우리 집으로
가져왔다. 물론 정성껏 마이신도 사다 먹이고 해서
잘 보살펴 살아나면 쇠약한 몸을 위해 보신을
하시거나 장에 내다 팔아서 용돈을 쓰기도 하셨다.
아무튼 그러던 엄마가 나 때문에 서울 생활을 하시게
되었다. 서울 오신 첫날부터 답답해 하셨고,
눈 뜨고도 코 베어간다는 옛말을 많이도 믿고 계신
터라 모든 사람들이 경계 대상이기도 하셨다.
다행히 날씨가 좋은 날은 동네 놀이터에 나와 계시는
어르신들과 스스럼없이 친구가 되시어 나는 한시름
놓게 된 건 사실이다. 그러던 어느 날 63빌딩도 보고
싶어 하시고 내심 복잡한 도심에 나가 서울 사람들

사는 모습도 직접 확인하고 싶어 하셨기에, 차를 몰고 서울을 한 바퀴 돌아본 다음 외곽으로 바람을 쏘이러 방향을 정했다. 좋은 공기를 선물해 드리고 싶어서이기도 했다. 경치 좋은 곳으로 드라이브를 나갈라치면 쉬 눈에 띄는 게 사실 모텔이지 않은가... 차만 다닐 뿐 인적이 드문 곳에 멋진 건물들이 간간히 보이는 것도 엄마의 궁금증 중 하나이셨던가 보다. 사실 그때까지만 해도 시골서만 생활을 하셨던 터라 영어로 "모텔"이라는 단어는 엄마에게 생소할 수밖에 없으셨나 보다. 내게 답답한 표정을 하시며 물으셨다. "아야... 저거는 뭐 허는 데냐...?" 뜻밖의 질문에 뭐라 대답을 할까 생각했다.
"여관 알지? 엄마... 거기보다 더 좋은 시설을 갖춘 곳이야..."라고 답을 드렸다. 얼핏 눈길을 주다 보니 낮인데도 차들은 번호판을 부끄럽다는 듯 나무판자로 가린 채 주차장에 빼곡히 들어차 있었다.
엄마는 한 말씀 더 하셨다. "여관이믄 잠자는 데 아니냐? 근디 차들이 저렇게 많다냐... 일 안 허고 뭔 잠을 낮에 잔다냐...?" 나는 더 이상 할 말이 없어졌다.
맞는 말씀이시지 않은가?

그대에게 가는 길 I

사랑을 밟고
그대에게 가는 이 길의 끝에는
행복의 문이 기다리고 있을 것 같아요.
그대에게로 가는 내 발걸음은
그래서 마냥 즐겁습니다.

그대에게 가는 길 II

참

.

.

멀고도 험한 길이네요.

조금씩만

흠칫 놀라 물러서지 않게
아주 조금씩만 내게 오세요.

사랑도
제가 담을 수 있을 만큼만
그만큼씩만 주었으면 해요.

부디

나는 아직도
드라마나 영화 같은 사랑을 꿈꾼다.
그대와 내가 바로 주인공이며
그 외의 알고 지내는 모든 사람들이
없어서는 안 될 조연과 스태프들이 되어주는 것이다.
하루하루 다른 이야기들로
슬프고 때로 즐거운 연기를 한다.

부디
해피엔딩이었으면 좋겠다.

그죠?

사실
사랑이 뭐 별거인가요?
누구나 다 해 보았다는 사랑
뭐 별로 신기할 것도 신비스러울 것도 제겐 없네요.

뭐...
그 많고 많은 사람들 중에
그대하고 나라는 인연 같은 우연을 빼고는
사랑이라는 거
누구나 다 하고 있는 사랑이라는 거
별거 아니잖아요??

사랑은

사랑은
사랑을 의심하는 순간부터
깨어질 준비로 금이 가기 시작한다.
소중하다 여기고 담았던 둘만의 시간들이
다시금 세상 밖으로 나와 떠돌다가
잘못 찾은 반쪽으로 다른 인연이 되기도 한다.

그러니...
지금 사랑을 의심하지 마시기를...

부끄러워서

고개 들지 못하고
그대를 스쳐 갑니다.

당황스런 내 표정에
혹시나 그대의 눈길이라도 머물까
내 발끝만 보며 지나갑니다.

그냥 돌아서서
그대의 뒷모습만 한 번 더 봅니다.

두근거리는 내 사랑의 시작입니다.

왜

몇 밤을 고민하다가
몇 날이 새었는지도 모르게 아파하다가
힘든 고백 하는데
그대 왜 쓴웃음을 지어 보이나요?
그냥 아무런 표정도 짓지 말지...
내 마음의 상처로 남을 그런 웃음 짓지 말지...
왜...

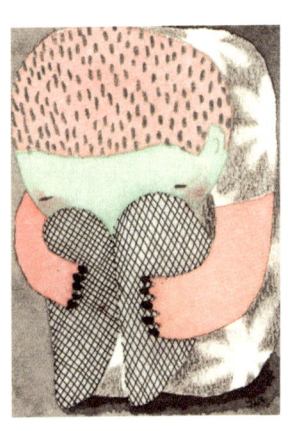

차라리

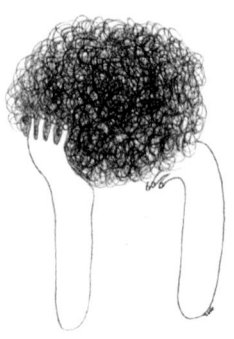

나는 저 위에 있고
너는 저 아래 있다.
나는 내려다보고
너는 고개 숙인다.

내가 서글픔으로 고개 들면
너는 고개 들어 나를 살핀다.
그렇게 우리는 다른 곳만 보다 시간이 갔다.

그냥 아무 말 없이
생각하던 길 가주기를 바라는
너의 소심함이 나를 더 방황하게 한다.
매정한 한마디라도 던져서
이 방황 끝이기를 나는 기다린다.

그렇게 우리는 서로 다른 생각만 한다.
이렇게 시간만 간다.

지금도

사랑하고 있습니다.
지나온 긴 시간 동안에도 그대를
잊지 않고 사랑하고 있습니다.
기다림도 사랑이라면
지금도 그대를 간절히 사랑하는 걸요.

다시 그때 시린 계절이 내게 와서
묵은 기억들을 토해냅니다.
좋은 기억만 남기고 잊으려 했던 일까지도
선명한 나뭇잎으로 물들여
제 기억 속에 떨구고 있습니다.

운명이라면
이렇게 오랜 기다림도 사랑이라면
영원히 그대만 사랑할 거 같네요.

잠 못 드는 밤

눈을 감는 순간부터
그대와의 시간들 속을 헤매게 될까 봐
애써 책을 붙들고 있다.

한 자 한 자 단어만 읽고 있을 뿐
무슨 내용인지는 전혀 모르겠어서
다음 페이지로 넘어가지 못하고
내 사랑이 그랬듯이
같은 자리에만 머물고 있다.

눈은 책을 읽고 있지만
내 모자란 마음은
아직도 그대 앞에 울고 서서는
이별을 듣고 있다.
믿을 수 없는 이별을...

이별일 때

내 눈은 멍하니 앞을 보고
내 마음은 자꾸 뒤돌아본다.

내 발길은 앞을 향해 가고
그대는 내게 다시 한 번 뒤돌아 오라 한다.

이 시간을
나는 아픈 추억이라 말할 거 같은데
비온 뒤 땅이 더 굳어지듯이
다툼의 정을 쌓았다 생각하는 그대는
행복했던 어제라 부르고 싶단다.

나는 이제 이별이지 싶은데
그대는 이제부터 다시 시작이라 한다.

추억

그렇게
쓰리고 아픈 이야기들이
지금은 추억으로 남았습니다.
눈물로 쏟아내어도 시원치 않았던
그 아프고 시린 것들이
오랜 시간을 견디어
결국 오늘이 되었습니다.
추억이 되었습니다.

떠나지 않았더라면...

그때 내가 당신을 떠나지 않았더라면
내내 원망 들을 뻔 했습니다.
지금 다른 사람과 많이 행복해 하는
모습을 보면 말입니다.

그때 내가 당신을 떠나지 않았더라면
내내 행복했을까 생각 중입니다.
그리움으로 그대를 묶고
추억 속에서만 만났다 헤어지는 건
제게 너무 힘든 시간들이기 때문입니다.

그때 내가 당신을 떠나지 않았더라면
더 좋았을 걸 그랬습니다.

결국

그대와의 오랜 기다림은
결국 눈물이 되었네요.

이제는 아무것도 줄 수 없다고
이제는 기다리지도 말라고
결국 그 긴 만남의 시간들은 눈물로 고입니다.

흘려내지 않으면
결국 심한 악취를 내며
가슴까지 썩어 갈 것만 같습니다.

쏟아내지 않으면
결국 힘에 겨워
주저앉아 버릴 것만 같습니다.

그리움이 쌓이면 무엇으로 허물어 낼 수 있을지
그런 걱정도 함께 쌓입니다.

답답해서

편지를 씁니다.
누군가는 꼭 읽어 주었으면 하고...

차를 마십니다.
혼자 외로이 마시는 차 한 잔은
더 깊은 내 마음속에까지 와서
제 향을 느껴보라 재촉합니다.

청소를 합니다.
묵은 기억까지 다 비우고 싶어서...

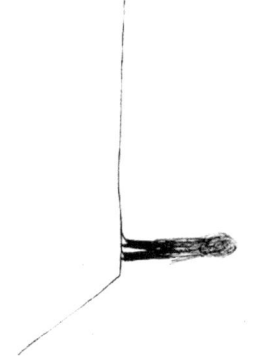

제 생각에는...

고민하지 말아요.
누군가와 비교도 하지 마요.
나 외에 다른 사람이 더 빛나 보이거든
그 사람에게로 소리 없이 가세요.
잠시 머문 자리가 제게 추억일 수 있게
마구 흔들지 말고 그냥 조용히만 가세요.
그게 나아요..
그죠?

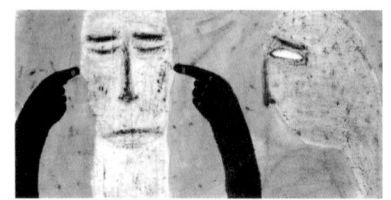

걱정

바람...
길을 잃었는지
애꿎은 내 머리카락만 사방으로 흩어놓고 만다.
어쩌다 내 마음은 그 어지러운 바람을 닮아
그대에게 가는 길 못 찾고 헤매고 있다.
어지럽게 내방만 흩어놓았다.

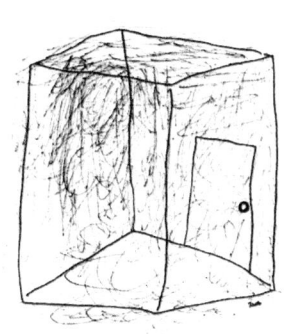

해경아!

너를 만나 즐거웠던
유년시절이 그립다.
넘기 힘들었던 내 인생의 고비 사춘기 때도
혼자이지 않아 다행이었고
꽃다운 스무 살을 지나면서
우리는 또 함께 피었다 졌다.

사랑이 알아지고
이별의 상처투성이로 쓰러져가는 나를
다시 일어설 수 있게 한 것은
친구라는 이름의 너였음을 아니?

지금은 너의 길에서
충분히 행복한 삶을 살아주는 것으로
내게 너의 몫은 다했다 생각할 거다.
끝까지 그런 행복을 그려내 주기를 바란다.

사랑한다.

기억하니?

해가 오르기도 전에
새벽이슬 냄새를 맡으며
십리길 학교까지 걷고 또 걷던
아카시아 향기로 가득했던
그 비포장 시골길을 기억하니?

한 시간을 걸어도 집에 닿지 못했던 그 길을
십분도 못되어 지금 간다.
번듯한 포장도로로 바뀐 뒤로는
우리의 소중한 추억도 함께 덮여 버렸다.

검디검은 그 속에서 고개 들지 못하고
답답한 숨만 뿜어내고 있다.

이젠 누구에게도 그 시간을 이야기할 수가 없다.
아무도 믿어주지 않을 거 같아서...
변해도 너무 변했지?? ^^

친구에게

내가 마음 아플까.
너의 행복한 이야기만 해준다.
나의 애타는 사연까지
아무렇지 않게 다 들어준 너에게
오늘은 내심 서운한 생각이 든다.

무엇이든 나눌 수 있을 거라 생각했는데
너를 담아내기에 내 그릇이 많이 부족하니?
세상이 한바탕 최고 권력자의
자질 문제를 두고 논의한 적이 있었지?

내가 과연 너의 친구라고 말할 수 있을까?
친구로서의 자질 문제도 짚어볼 일이다.

우정이라는 것이 얼마큼 더 쌓이면
나를 진정한 친구라 여기고 슬픔까지 나눠 줄 건지...
나는 너의 그것을 나눠받고 싶다.
친구야...

친구

나만 보는 게 사랑이라고 말하던 친구
사랑하기에 나만 보이는 거라고 말하던 친구
나만 있으면 된다.
행복하다 말하던 친구
우리 사랑은 영원할 거라 하던 그 친구

그렇게 오랫동안 우린 그냥 그런 친구입니다.

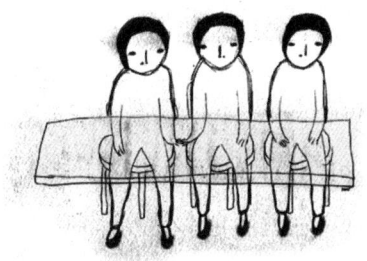

힘드시죠??

그대가

.

.

.

.

.

.

나보다 더